CATECISMO BÁSICO

Credo, Sacramentos, Moral, Oración

Paulinas

Librerías paulinas

BOGOTÁ:
CARRERA 16A No. 161A-04
CALLE 161A No. 15-50
PBX: 528 7444
Directo librería: 677 5159
Directo ventas: 670 6424
Teléfonos: 528 1556 - 527 9866
Fax: 671 0992 - A.A. 6291
libreriaorquideas@paulinas.org.co
ventasp@paulinas.org.co
editorial@paulinas.org.co

(CENTRO) CARRERA 9 No. 12B-27 / 33
Telefax: 243 2782 - 243 5885 - 243 5887
centro@paulinas.org.co

(SUR) CARRERA 5A No. 27-34 sur 20 de Julio
Tel.: 361 6153
libreria20dejulio@paulinas.org.co

SANTUARIO DE MONSERRATE
Tel.: 284 3623
paulinasmonserrate@paulinas.org.co

(CHAPINERO) CALLE 63A No. 10-44
Local 101 Edificio La Isla
Tels.: 255 4632 - 310 0342
Telefax: 310 0362 - 345 2430
libreriacha@paulinas.org.co

BARRANQUILLA
(CENTRO) CALLE 34 No. 42-28
(Paseo Bolívar)
Tels.: 351 8973 - 351 8971
Telefax: 340 4792
barranquilla34@paulinas.org.co

(PRADO) CARRERA 54 No. 70-121
Tel.: 360 0200 - Telefax: 356 8943
barranquillaprado@paulinas.org.co

CALI
(CENTRO) CALLE 10 No. 7-53
Tels.: 896 0929 - 884 2615 - Fax: 889 1035
paulinascali@paulinas.org.co

CÚCUTA
AVENIDA 5 No. 12-65
Tels.: 571 7789 - 583 5560 - Fax: 572 3389
paulinascucuta@paulinas.org.co

CHIQUINQUIRÁ
CALLE 17 No. 10-45 Local 10
Centro Comercial Santa María
Tel.: 726 1102
librerichiquinquira@paulinas.co

MANIZALES
(CENTRO) CARRERA 23 No. 25-31
Tels.: 882 2540 - 882 2544
paulinasmanizales@paulinas.org.co

MEDELLÍN
(CENTRO) CALLE 56 No. 49-51 (Bolivia)
PBX: 511 2046 - Fax: 293 0258
paulimed@paulinas.org.co

(EL POBLADO) CALLE 10 No. 42-28
Tels.: 266 2507 - 311 3291
paulinaspoblado@paulinas.org.co

PASTO
CALLE 18A No. 25-31
Pasaje Corazón de Jesús
Tel.: 729 2846 - Fax: 729 2848
paulinaspasto@paulinas.org.co

PEREIRA
CALLE 21 No. 7-29
Tel.: 324 2037
paulinaspereira@paulinas.org.co

ECUADOR - QUITO
Selva Alegre OE1-95 y 10 de Agosto
Tels.: 250 1656 - 254 2685
Fax: 255 6373
paulinasquito@paulinas.org.co

ECUADOR - GUAYAQUIL
Alfredo Baquerizo Moreno 818-820
Entre Luis Urdaneta y Junín
Tel.: 256 0365 - Fax: 256 0768
paulinasguayaquil@paulinas.org.co

ECUADOR - LOJA
BERNARDO VALDIVIESO 07-50 ENTRE 10 DE
AGOSTO Y JOSÉ ANTONIO EGUIGUREN
Tel.: 257 3956
paulinasloja@paulinas.org.co

DISTRIBUIDORA

BUCARAMANGA
CALLE 35 No. 14-52
Tels.: 642 3100 - 642 3944

Mary Lea Hill, FSP
Susan Helen Wallace, FSP

CATECISMO BÁSICO

Credo, Sacramentos, Moral, Oración

Revisado en 1999
de Acuerdo con
el Catecismo de la Iglesia Católica

Paulinas

Nihil Obstat: Rev. Timothy J. Shea, S.T.L.
Imprimatur: + Bernard Cardinal Law
Archbishop of Boston
March 19, 1999

Título original: Basic Catechism 7th edition

Publicado por Pauline Book & Media, 50 St. Paul´s Avenue, Boston, MA 02130.

ISBN Libro: 978-958-669-314-1
Séptima reimpresión, 2014
Traducido de la séptima edición norteamericana
por: Padre Álvaro J. Jaramillo E. ss
Corrección de estilo: Hna. Mery Restrepo, fsp

Carrera 16A No. 161A-04
Calle 161A No. 15-50
PBX: 528 7444 • Tel. Ventas: 670 6424 • Fax: 671 0992
www.libreriapaulinas.com
editorial@paulinas.org.co
editorialp@paulinas.org.co
mercadeop@paulinas.org.co
Línea gratuita: 018000116424
Bogotá, D.C. • Colombia

Índice General

Nota introductoria

Esta séptima edición del *Catecismo Básico* ha sido ampliada y revisada para reflejar más de cerca el *Catecismo de la Iglesia Católica.* El material fue dividido de acuerdo con las cuatro secciones del *Catecismo:* la profesión de fe, la celebración del misterio cristiano, la vida en Cristo, y la oración cristiana.

Los números entre corchetes que acompañan las preguntas, se refieren a los párrafos correspondientes en el *Catecismo de la Iglesia Católica.* En unión con el Índice, estas referencias cruzadas orientarán al lector que desee mayor información sobre un tema particular. La sección de oraciones básicas y los principios de vida cristiana sirven como una referencia conveniente.

Nota del Traductor: Las citas explícitas que el original tiene de la Biblia, han sido tomadas de la traducción de la Biblia de Jerusalén, edición de 1975, nos hemos tomado la libertad de cambiar el "vosotros" por el "ustedes" para adaptarlo a las normas recientes de la Iglesia Latinoamericana; las abreviaturas de los Libros Bíblicos son las usadas en esa edición. Un completo índice de citas bíblicas, añadido en esta edición en español, ayudará a los lectores interesados en llegar a los temas a través de ellas. Las citas explícitas del *Catecismo de la Iglesia Católica,* han sido tomadas de la versión oficial publicada en 1992.

En algunos pocos casos me he permitido añadir algunas frases explicativas, debidamente indicadas como "Nota del Traductor", y también algunas aplicaciones concretas a la realidad eclesial colombiana.

LA PROFESIÓN DE FE

Cómo conocemos lo referente a Dios

¿Dios existe?

Sí, Dios existe.

Un solo Dios y Padre de todos, que está sobre todos y en todos (Ef 4,6).

¿Quién es Dios?

Dios es el Espíritu todopoderoso que creó todo lo que existe. Él es nuestro Padre que nos acompaña siempre y nos espera en el cielo para compartir su alegría eterna con nosotros. [205-221]

El Dios que hizo el mundo y todo lo que hay en él, que es el Señor del cielo y de la tierra, no habita en santuarios fabricados por mano de hombres; ni es servido por manos humanas, como si de algo estuviera necesitado, el que a todos da la vida, el aliento y todas las cosas (Hch 17,24).

¿Cómo podemos conocer que Dios existe?

Por medio de la razón y de la revelación podemos conocer que Dios existe. [35]

¿Qué es la razón?

La razón es nuestra capacidad de pensar. [33]

¿Cuáles son algunas de las maneras como la existencia de Dios puede ser conocida por nuestra capacidad de pensar y nuestra razón?

Podemos conocer la existencia de Dios a partir de las leyes y las finalidades de la naturaleza, los grados de perfección del universo,

el movimiento, las causas y efectos, y el orden y el equilibrio del universo. Los anhelos del corazón humano, la conciencia y la libertad apuntan hacia Dios, fuente última de nuestra felicidad. [31-35]
La Biblia nos plantea esta pregunta:

Pues si llegaron a adquirir tanta ciencia que les capacitó para indagar el mundo, ¿cómo no llegaron primero a descubrir a su Señor? (Sb 13,9).

¿El universo mismo apunta hacia el Creador?

Sí, en su magnificencia y en su orden el Universo apunta hacia el Creador. San Pablo dice:

Lo invisible de Dios, desde la creación del mundo, se deja ver a la inteligencia a través de sus obras: su poder y su divinidad, de forma que son inexcusables (Rm 1,20). (Ver también Rm 11,36) [32, 36]

¿Qué otros datos religiosos podemos conocer con nuestra razón?

Algunos datos religiosos que podemos conocer por nuestra razón son los siguientes:

- el alma humana nunca morirá (ver página 33); [366]
- cada uno tiene el deber de adorar a Dios que nos creó (ver páginas 178-180, 187-188); [2096, 2135]
- el carácter histórico de los Evangelios hace que merezcan ser creídos (ver páginas 15-16). [515]

¿Qué es la revelación de Dios?

La revelación de Dios es lo que él nos ha contado acerca de él mismo, de nosotros y de su plan de amor para con nosotros. La Revelación es la autocomunicación de Dios mismo a nosotros, que él nos ha hecho conocer por medio de la Escritura y la Tradición, como enseña el magisterio de la Iglesia. [50-51, 80]

Muchas veces y de muchos modos habló Dios en el pasado a nuestros Padres por medio de los Profetas; en estos últimos tiempos nos ha hablado por medio de su Hijo... (Hb 1,1-2).

¿Por qué necesitamos la revelación de Dios?

Necesitamos la revelación de Dios porque sin su ayuda nuestra razón no puede descubrir todo lo que Dios desea que conozcamos acerca de Él, de nosotros mismos y de su plan de amor para con nosotros ahora y en la vida futura. [37-38, 52]

¿Cómo nos dio Dios su revelación?

Dios se ha hecho conocer por nosotros por medio de sus obras y de sus palabras en la historia de salvación. Él nos dio la totalidad de la revelación en su Hijo, Jesucristo, quien es Dios-hecho-hombre. Esa revelación nos llega a través de la Escritura y la Tradición, interpretadas por la Iglesia. [74-87, 95]

¿Qué es la Sagrada Tradición?

La Sagrada Tradición es el proceso por medio del cual la Iglesia, con la asistencia del Espíritu Santo, conserva y transmite a todas las generaciones, en su enseñanza, vida y culto, todo lo que ella es y todo lo que cree. [78]

Hay además otras muchas cosas que hizo Jesús. Si se escribieran una por una, pienso que ni todo el mundo bastaría para contener los libros que se escribieran (Jn 21,25).

¿Qué importancia tiene la Sagrada Tradición?

La Sagrada Tradición es de primera importancia porque en ella encontramos la certeza acerca de lo que debemos creer y hacer. [80-81]

Manténganse firmes y conserven las tradiciones que han aprendido de nosotros, de viva voz o por carta (2 Ts 2,15).

¿Qué significa la "herencia de la fe"?

La "herencia de la fe" (a veces llamada el "depósito de la fe"), significa las verdades que Dios reveló y entregó a la Iglesia para que las conserve y las enseñe. No se debe pensar esto de una manera estática, porque la Iglesia progresa en la comprensión de esa herencia de la fe. [84-95, 175]

¿Qué es la Biblia?

La Biblia es el libro que contiene la Palabra inspirada de Dios. En ella Dios nos habla por medio de los escritos de autores humanos a los que Él escogió y a quienes guió el Espíritu Santo. [81]

Así dice Yahveh (el Señor), el Dios de Israel: Escríbete todas las palabras que te he hablado en un libro (Jr 30,2).

¿Cuáles son los nombres de la Biblia?

La Biblia es también llamada "Sagrada Escritura", lo que significa "escritos sagrados", o simplemente "Escrituras", o "la Palabra de Dios", dado que es la revelación de Dios a nosotros.

¿Cuáles son las partes principales de la Biblia?

Las partes principales de la Biblia son el Antiguo Testamento, los cuarenta y seis libros escritos antes del nacimiento de Jesús, y el Nuevo Testamento, los veintisiete libros escritos después de la resurrección de Jesús. [120]

¿Cuál es el tema principal de la Biblia?

El tema principal de la Biblia es el amor salvador de Dios para con nosotros, los seres humanos, aunque seamos pecadores.

¿Qué es la inspiración divina?

La inspiración divina es la guía especial que el Espíritu Santo dio a los autores humanos de la Biblia, de manera que escribieran, sin error, todo y solamente lo que Dios quería. [105-106]

Toda Escritura es inspirada por Dios y útil para enseñar, para argüir, para corregir y para educar en la justicia, así el hombre de Dios se encuentra perfecto y preparado para toda obra buena (2 Tm 3,16-17).

¿De qué trata el Antiguo Testamento?

El Antiguo Testamento narra la historia de las acciones salvadoras de Dios en la vida del pueblo escogido, los Israelitas, por medio de los cuales Dios llevó a cabo su plan de salvación. [122]

La salvación viene de los judíos (Jn 4,22).

En pocas palabras, ¿cuál es la historia del pueblo escogido?

Su historia comenzó con Abrahán, a quien Dios llamó para ser padre y guía del pueblo escogido. Más tarde Moisés fue enviado para liberar al pueblo de la esclavitud en Egipto y para darles los diez mandamientos que Dios le reveló. Dios escogió a Josué para guiar al pueblo hacia el interior de Canaán, la "Tierra Prometida". Más tarde David llegó a ser un gran rey de Israel y antepasado de Cristo. Dios envió profetas (voceros), como Isaías y Jeremías, para transmitir sus palabras al pueblo y animarlo a progresar en la fidelidad a la alianza. En un momento dado, Dios permitió la destrucción del centro de adoración, Jerusalén, y el exilio de su pueblo a Babilonia. Los exiliados que más tarde regresaron a Jerusalén reconstruyeron el templo y renovaron la alianza. [59-64]

¿De qué trata el Nuevo Testamento?

El Nuevo Testamento se refiere al nacimiento, vida, enseñanzas, muerte y resurrección de Jesucristo, el Hijo de Dios, como también a la vida y desarrollo de la Iglesia primitiva fundada por él. [124]

El tiempo se ha cumplido y el Reino de Dios está cerca; convertíos y creed en la Buena Noticia (Mc 1,15).

¿Qué es el Evangelio?

El Evangelio o "las Buenas Noticias" consiste en los cuatro primeros libros del Nuevo Testamento, y nos da una descripción detallada de la vida y las enseñanzas de Jesús. Para los Cristianos, esos cuatro libros son los libros más importantes de la Biblia. [125]

¿Qué debemos aprender de los Evangelios?

De los Evangelios debemos aprender qué quiere Jesús que creamos y hagamos para salvarnos y alcanzar el cielo. Aprendemos acerca del gran amor que Jesús y su Padre nos tienen. Por causa de este amor Jesús murió por nosotros, para redimirnos de nuestros pecados. [125]

Lo que hemos visto y oído, se lo anunciamos, para que también ustedes estén en comunión con nosotros. Y nosotros estamos en comunión con el Padre y con su Hijo Jesucristo. Les escribimos esto para que nuestro gozo sea completo (1 Jn 1,3-4).

¿Cómo fueron escritos los cuatro Evangelios?

Los Evangelios se formaron por medio de un proceso en tres etapas: a) la vida y el ministerio de Jesús; b) la predicación oral de los apóstoles, que proclamaron lo que Jesús hizo y enseñó; c) la redacción de los Evangelios. Los evangelistas buscaron en la tradición oral para dar a sus audiencias específicas una narración de las acciones salvadoras de Jesús. [126]

¿La gente puede cometer errores cuando trata de entender la Biblia?

Las dificultades para traducir e interpretar el lenguaje, las costumbres y la historia de los tiempos puede llevar a una mala interpretación de los textos bíblicos. Una de las razones por las cuales Jesús nos dio la Iglesia es para guiarnos en la lectura de la Biblia. [109-119]

Jesús les contestó: "¿No están en un error precisamente por esto, por no entender las Escrituras ni el poder de Dios? (Mc 12,24).
Hay en ellas (las cartas de san Pablo) cosas difíciles de entender, que los ignorantes y los débiles interpretan torcidamente – como también las demás Escrituras – ¡para su propia destrucción! (2 P 3,16).

¿Puede la Iglesia cometer un error al interpretar la Biblia?

La Iglesia nunca puede cometer un error al interpretar auténticamente la Biblia porque el Espíritu Santo preserva a la Iglesia del error. [85-87]

¿Qué debe tener en cuenta la Iglesia al interpretar la Biblia?

La Iglesia tiene en cuenta la Tradición de los Padres de la Iglesia y de los Doctores, las lenguas originales, las formas literarias, el texto original y los hallazgos históricos. Esto ayuda a alcanzar el verdadero significado que el autor sagrado, bajo la inspiración divina, tuvo al escribir y al evitar un punto de vista puramente fundamentalista que puede ser una falsa interpretación. [111-114]

¿Cómo se debe leer la Biblia?

La Biblia se debe leer con humildad y en espíritu de oración, dispuestos a poner en práctica la Palabra de Dios. [131-133]

¿Qué es la fe?

La fe es un regalo de Dios por medio del cual creemos lo que Él nos ha revelado. Por medio de la fe la persona entera se adhiere a Dios en una respuesta libre de confianza amorosa. [91, 153-155, 176-184]

¿Qué es la profesión de fe que recitamos en la Misa?

La profesión de fe que recitamos en la Misa puede ser el Credo Niceno, una antigua declaración de creencia en las principales verdades de la fe, o el Credo de los Apóstoles, que es usado en algunos casos. [195]

¿Quiénes son los creyentes?

Los creyentes son los seguidores leales del Señor Jesús. Ellos participan de su condición sacerdotal, profética y real por medio de su Bautismo. [871-873]

Simeón Pedro, siervo y apóstol de Jesucristo, a los que por la justicia de nuestro Dios y Salvador Jesucristo les ha cabido en suerte una fe tan preciosa como la nuestra. A ustedes gracia y paz abundantes por el conocimiento de nuestro Señor (2 P 1,1-2).

¿Cómo es Dios?

¿Dios es perfecto?

Sí, Dios es perfecto. Él es omnipotente, eterno, omnipresente, totalmente bueno, conocedor de todo, lleno de misericordia y totalmente justo. [213]

Ni es servido por manos humanas, como si de algo estuviera necesitado, el que a todos da la vida, el aliento y todas las cosas (Hch 17,25).

¿Qué queremos decir cuando decimos que Dios es omnipotente, eterno, compasivo y justo?

Omnipotente significa que todo lo puede.

Tú lo gobiernas todo; en tu mano están el poder y la fortaleza, y es tu mano la que todo lo engrandece y a todo da consistencia (1 Cro 29,12)

Eterno significa "fuera del tiempo" – sin principio ni fin – e inmutable. [220]

Porque mil años a tus ojos son como el ayer, que ya pasó, como una vigilia de la noche. (Sal 90,4).

Compasivo, significa que ama y que perdona.

Sean compasivos, como su Padre es compasivo (Lc 6,36).

Justo, significa equitativo.

Justos y verdaderos son tus caminos, ¡oh Rey de las naciones! (Ap 15,3).

¿Qué palabra describe la perfección ilimitada de Dios?

La perfección ilimitada de Dios es *infinita.*

Mas para Dios todo es posible (Mt 19,26).

¿Dios cambia?

No, Dios no cambia. [212, 227]

...en quien no hay cambio ni sombra de rotación (St 1,17).

El nombre YHWH ¿qué nos enseña acerca de Dios?

El nombre hebreo YHWH, que significa "YO SOY EL QUE SOY", nos enseña que Dios es la vida misma. [206, 213]

Dijo Dios a Moisés, "YO SOY EL QUE SOY". Y añadió: "Así dirás a los israelitas: 'YO SOY me ha enviado a ustedes'... éste es mi nombre para siempre..." (Ex 3,14-15).

¿Dios cuida de nosotros?

Sí, Dios cuida de nosotros. Su acción amorosa en nuestras vidas es llamada divina Providencia. [302-314]

Si tomo las alas de la aurora, si voy a parar a lo último del mar, también allí tu mano me conduce, tu diestra me aprehende (Sal 139,9-10).

¿Qué es un misterio?

En la religión, un misterio es una gran verdad, revelada por Dios, que nuestra inteligencia limitada no es capaz de entender totalmente. [42-43, 48]

¿Qué misterio especial nos ha enseñado Dios acerca de Él mismo?

Dios nos ha enseñado el misterio de la Santísima Trinidad. Ha revelado que Él mismo es tres Personas en un solo Dios – nuestro *Dios Trino.* [234, 237]

Vayan, pues, y hagan discípulos a todas las gentes, bautizándolas en el nombre del Padre y del Hijo y del Espíritu Santo... (Mt 28,19).

Elegidos según el previo conocimiento de Dios Padre, con la acción santificadora del Espíritu, para obedecer a Jesucristo... (1 P 1,2).

¿Qué es el misterio de la Santísima Trinidad?

E! misterio de la Santísima Trinidad es que hay tres Personas divinas, Padre, Hijo y Espíritu Santo, en el único, verdadero Dios. [233, 253-255]

La gracia del Señor Jesucristo, el amor de Dios y la comunión del Espíritu Santo sean con todos ustedes (2 Co 13,13).

¿El Padre es Dios?

El Padre es Dios y es la Primera Persona de la Santísima Trinidad. [240, 262]

¿El Hijo es Dios?

El Hijo es Dios y es la Segunda Persona de la Santísima Trinidad. [240-242]

¿El Espíritu Santo es Dios?

El Espíritu Santo es Dios y es la Tercera Persona de la Santísima Trinidad. [243]

¿Podemos entender algo acerca del misterio de la Santísima Trinidad?

Podemos entender que con "un solo Dios" designamos la única naturaleza divina, en tanto que con "tres Personas" designamos al Padre, al Hijo y al Espíritu Santo, cada uno de los cuales posee la naturaleza divina. [253-256]

...un solo Espíritu... Un solo Señor, una sola fe, un solo bautismo, un solo Dios y Padre de todos, que está sobre todos, por todos y en todos (Ef 4,4-6).

¿Cuál es la importancia del misterio de la Santísima Trinidad para nuestras propias vidas?

Las tres Personas de la Trinidad nos llaman a una felicidad permanente con ellas. En el Bautismo ellas vienen a vivir en nosotros. Si crecemos en gracia por medio de los sacramentos y de la vida virtuosa, nos sentiremos más cerca de nuestro Dios uno y trino a lo largo de la vida, y participaremos de la unión eterna con la Trinidad en el cielo. [257-260]

Por eso doblo mis rodillas ante el Padre, de quien toma nombre toda familia en el cielo y en la tierra, para que les conceda, según la riqueza de su gloria, que sean fortalecidos por la acción de su Espíritu en el hombre interior, que Cristo habite por la fe en sus corazones, para que, arraigados y cimentados en el amor, puedan comprender con todos los santos cuál es la anchura y la longitud, la altura y la profundidad, y conocer el amor de Cristo, que excede a todo conocimiento, para que se vayan llenando hasta la total Plenitud de Dios (Ef 3,14-19).

Dios, nuestro Creador

¿Quién es el Padre?

El Padre es la Primera Persona de la Santísima Trinidad, también llamado el Creador. [238, 239, 279]

En el principio creó Dios los cielos y la tierra (Gn 1,1).

¿Por qué Dios es llamado "Padre"?

Llamamos a Dios "Padre" porque es el Creador de todo, está por encima de todo y se relaciona con todo lo que ha hecho. *Conocemos* a Dios como "Padre" porque así es como se reveló a sí mismo y porque Jesús se refirió a Dios como su "Padre". [238, 240]

Todo me ha sido entregado por mi Padre... (Mt 11,27).

¿Dios es también "Madre"?

Dios es un ser muy superior a lo que nosotros podemos comprender. A diferencia de las criaturas, Dios no es ni macho ni hembra; Dios es Dios. Sin embargo, como toda paternidad y maternidad tienen su fuente en Dios, podemos decir que Dios posee todas las cualidades tanto de padre como de madre. [239]

Como uno a quien su madre le consuela, así yo los consolaré (Is 66,13).

¿Qué significa "crear"?

Crear significa sacar algo de la nada. [286, 296-298, 327]

Por la fe, sabemos que el universo fue formado por la palabra de Dios, de manera que lo que se ve resultase de lo que no aparece (Hb 11,3).

¿Qué creó Dios?

Dios creó toda la materia y la energía del universo, así como los espíritus puros llamados ángeles y el alma de cada uno de nosotros. [290, 299]

Todo se hizo por ella (la Palabra) y sin ella no se hizo nada de cuanto existe (Jn 1,3).

¿Por qué creó Dios el mundo?

Dios creó el mundo por bondad, para mostrarnos sus perfecciones y para compartirlas con nosotros. [288, 293-295]

Todo fue hecho por él y sin él nada se hizo. Cuanto ha sido hecho en él es vida, y la vida es la luz de los hombres (Jn 1,3-4).

¿Qué son los ángeles?

Los ángeles son espíritus puros, esto es, seres espirituales reales, sin cuerpos, que poseen inteligencia y libre voluntad. [328-330]

Bendigan a Yahveh, ángeles suyos, héroes potentes, ejecutores de sus órdenes, en cuanto oyen la voz de su palabra (Sal 103,20).

¿Podemos probar por la sola razón que los ángeles existen?

No podemos probar por la sola razón que los ángeles existen, pero su existencia no es contraria a la razón. Es muy "razonable" pensar que así como hay criaturas compuestas totalmente de materia, y criaturas hechas de materia y espíritu, así hay criaturas puramente espirituales. Para esta creencia nos apoyamos en el testimonio de la Escritura y de los Padres de la Iglesia. [328]

¡*Alábenlo, ángeles suyos todos, todas sus huestes, alábenlo! (Sal 148,2).*

¿Cuántos ángeles hay?

El número exacto de ángeles es desconocido, pero la Biblia nos dice que existen muchos. En el jardín de Getsemaní Jesús dijo:

¿O piensas que no puedo yo rogar a mi Padre, que pondría al punto a mi disposición más de doce legiones de ángeles?(Mt 26,53). (Ver también Dn 7,10)

¿Otorgó Dios algunos dones a los ángeles al crearlos?

Dios dio a los ángeles dones especiales de gracia, sabiduría, poder y santidad. Se les dio también la oportunidad de merecer la visión directa de Dios si permanecían fieles a él.

No temen insultar a las Glorias, cuando los Ángeles que son superiores en fuerza y en poder, no pronuncian juicio injurioso contra ellas en presencia del Señor (2 P 2,11).

¿Todos los ángeles permanecieron fieles a Dios?

No todos los ángeles permanecieron fieles a Dios; algunos "rechazaron a Dios y su reino". [392]

Pues si Dios no perdonó a los Ángeles que pecaron... porque Dios es capaz... de guardar a los impíos para castigarles en el día del Juicio (2 P 2,4.9). (Ver también Judas 6)

¿Qué recompensa fue dada a los ángeles fieles?

Los ángeles fieles fueron admitidos a la presencia de Dios y lo ven cara a cara. Esos ángeles buenos aman y adoran a Dios y viven con él eternamente. [329]

Sus ángeles, en los cielos, ven continuamente el rostro de mi Padre que está en los cielos (Mt 18,10).

¿Los ángeles buenos nos ayudan?

Los ángeles buenos nos ayudan especialmente orando por nosotros y siendo nuestros ángeles custodios. [334-335]

Porque un ángel bueno lo acompañará (Tb 5,21). (Ver también Hb 1,14)

¿Quiénes son los ángeles custodios?

Los ángeles custodios son espíritus puros que velan sobre nosotros y nos animan a llevar una buena vida cristiana. [336]

Acampa el ángel de Yahveh en torno a los que le temen y los libra (Sal 34,7).

¿Quiénes son los arcángeles?

Los arcángeles son miembros de un grupo muy poderoso de ángeles. Por la Biblia conocemos los nombres de tres: Miguel, Rafael y Gabriel. [335]

El Señor mismo, a la orden dada por la voz de un arcángel y por la trompeta de Dios, bajará del cielo (1 Ts 4,16).

¿Qué sucedió con los ángeles infieles?

Los ángeles infieles que se rebelaron contra Dios fueron arrojados de su presencia para el castigo eterno conocido como infierno. Son llamados diablos o espíritus malos. [391]

Apártense de mí, malditos, al fuego eterno preparado para el Diablo y sus ángeles... (Mt 25,41).

¿Tratan de hacernos mal los ángeles infieles?

Los ángeles infieles intentan hacernos daño sobre todo tentándonos para que pequemos. [395, 407-409]

Su adversario, el Diablo, ronda como león rugiente, buscando a quién devorar (1 P 5,8). (Ver también Mt 10,1; Ef 6,11)

¿Todas nuestras tentaciones para pecar vienen de los ángeles infieles?

Solamente algunas de nuestras tentaciones para pecar vienen de los ángeles infieles. Otras tentaciones vienen de nosotros mismos, de nuestra naturaleza herida, o de otras personas y cosas que nos rodean. [1264]

Aun queriendo hacer el bien, es el mal el que se me presenta. Pues me complazco en la ley de Dios según el hombre interior, pero advierto otra ley en mis miembros que lucha contra la ley de mi razón y me esclaviza a la ley del pecado que está en mis miembros (Rm 7,21-23). (Ver también St 1,13-14; 1 Jn 2,15)

¿Somos capaces de resistir siempre las tentaciones?

Sí, porque aunque las tentaciones sean muy poderosas, ellas no son pecado en sí mismas. Dios nos dará siempre la gracia y la fuerza si se las pedimos.

Así pues, el que crea estar en pie, mire no caiga. No han sufrido tentación superior a la medida humana. Y fiel es Dios que no permitirá que sean tentados sobre sus fuerzas. Antes bien, con la tentación les dará modo de poderla resistir (1 Co 10,12-13).

¿Qué es una persona humana?

Creada a imagen y semejanza de Dios, la persona humana es una unión de cuerpo y alma, dotada de inteligencia y libertad, que vivirá por siempre. [355-358, 362-368]

Él fue quien al principio hizo al hombre, y le dejó en manos de su propio albedrío (Si 15,14).

Después de crearnos, ¿Dios nos deja abandonados?

Dios sigue amándonos y cuidando de nosotros. Sin su acción en nuestras vidas no podríamos pensar, decidir o actuar. Por su poder, Dios conserva todo el universo para que no regrese a la nada. (Ver 2 M 7,28). Esa acción de Dios la llamamos su divina Providencia. La Creación es solamente el comienzo de las acciones salvíficas de Dios en el mundo y en nuestras propias vidas. [300, 304]

Muchos proyectos en el corazón del hombre, pero sólo el plan de Yahveh se realiza (Pr 19,21).

¿Cuál es el significado del 'sabbath' en la obra de la creación?

Dios trabajó en la creación durante seis 'días'. Bendijo el séptimo 'día' como día de descanso, un día para alabanza y adoración. Al darnos este día de descanso, Dios nos enseña a reflexionar sobre la belleza de toda la creación, a respetar su plan de creación observando fielmente las leyes que él estableció, y a adorar y dar culto a su bondad. [345-347]

Y bendijo Dios el día séptimo y lo santificó; porque en él cesó Dios de toda la obra creadora que Dios había hecho (Gn 2,3).

¿Cuáles son los hechos principales que debemos conocer acerca de la creación?

Dios creó toda la materia y la energía en el universo; si hubo evolución, Dios la planeó y la llevó a cabo; y cada alma humana es creada directamente por Dios en el momento de la concepción del cuerpo.

Vuelva el polvo a la tierra, a lo que era, y el espíritu vuelva a Dios que es quien lo dio (Qo 12,7).

¿Qué es la teoría de la evolución?

La teoría de la evolución propone que el universo, como lo conocemos actualmente, es el producto de una cadena de desarrollo. La Iglesia Católica enseña que, aunque el cuerpo humano haya sido formado a través de un proceso evolutivo, cada alma humana es creada directamente por Dios.

¿Cuál es la mayor gloria que Dios recibe en el universo visible?

Aunque el universo entero refleja la infinita sabiduría, belleza y bondad del Creador, la mayor gloria que Dios recibe en el universo visible viene de las personas humanas. Solamente las personas humanas tienen la libertad para escoger amar, adorar y servir al Creador. [342-343, 356]

¿No se venden cinco pajarillos por dos ases? Pues bien, ni uno de ellos está olvidado ante Dios. Hasta los cabellos de su cabeza están todos contados. No teman; valen más que muchos pajarillos (Lc 12,6-7).

¿Quién fue el primer hombre y la primera mujer?

El primer hombre y la primera mujer, los primeros padres de toda la raza humana, son conocidos como Adán y Eva. [375] (Ver Gn 1-4)

¿Qué era el señorío o 'dominio' que nuestros primeros padres ejercieron sobre la creación?

Porque Dios creó a Adán y Eva a imagen y semejanza divinas, los encargó del resto de la creación para tener cuidado de ella. [307, 373, 377-378]

Y bendíjolos Dios, y díjoles Dios: Sean fecundos y multiplíquense y llenen la tierra y sométanla; manden... (Gn 1,28).

¿Qué otros dones recibieron de Dios nuestros primeros padres?

Dios les dio bondad y felicidad naturales, amistad de Dios o gracia, armonía interior, así como armonía con la naturaleza, conocimiento, autocontrol y libertad del sufrimiento y de la muerte. Esa existencia armoniosa y bendita es conocida como el estado de 'justicia original'. [374-376]

¿Adán y Eva podían pecar?

Adán y Eva podían pecar porque Dios les dio libre arbitrio. [387]

Pero, si no les parece bien servir a Yahveh, elijan hoy a quién han de servir... (Jos 24,15).

¿Qué significa pecar?

Pecar significa rechazar u oponerse a Dios o a su ley de manera consciente y libre. [386-387]

Aquel, pues, que sabe hacer el bien y no lo hace, comete pecado (St 4,17).

¿Adán y Eva pecaron?

Ellos pecaron cuando desobedecieron libremente una orden directa de Dios. [379, 397]

Mas del fruto del árbol que está en medio del jardín, ha dicho Dios: 'No coman de él...' como viese la mujer que el árbol era bueno para comer, apetecible a la vista y excelente para lograr sabiduría, tomó de su fruto y comió, y dio también a su marido, que igualmente comió (Gn 3,3.6).

¿Qué sucedió a nuestros primeros padres por causa de su pecado?

Perdieron la gracia de santidad, su amistad con Dios, su armonía interior, el derecho al cielo, y los otros dones que habían recibido. Quedaron sometidos al sufrimiento y a la muerte, experimentaron fuertes inclinaciones al mal, y fueron arrojados fuera del jardín del paraíso. [399-401]

Y le echó Yahveh Dios del jardín de Edén... (Gn 3,23).

¿El pecado de nuestros primeros padres tiene algún efecto sobre nosotros, sus descendientes?

Por causa del pecado de ellos, nosotros nacemos sin la gracia santificante y heredamos el castigo de Adán, de la misma manera como habríamos heredado sus dones si él hubiese permanecido fiel a Dios. [390, 402]

Por tanto, como por un solo hombre entró el pecado en el mundo y por el pecado la muerte y así la muerte alcanzó a todos los hombres... (Rm 5,12).

¿Cómo es llamado ese pecado en nosotros?

Ese pecado en nosotros es llamado pecado original.

¿Cómo llegó el pecado de Adán y Eva a ser nuestro pecado?

La transmisión del pecado original es un misterio. No es un pecado personal por parte nuestra; sin embargo, heredamos su naturaleza humana débil y pecadora. "El pecado original es llamado 'pecado' de manera análoga: es un pecado 'contraído', no 'cometido', un estado y no un acto", dice el *Catecismo de la Iglesia Católica.* [404]

¿Tenemos que creer en el pecado original?

Creer en la realidad del pecado original es esencial para comprender y apreciar nuestra redención por Cristo. Habiendo pecado en Adán, necesitamos la redención en Cristo. [388-389]

Así pues, como el delito de uno solo atrajo sobre todos los hombres la condenación, así también la obra de justicia de uno solo procura toda la justificación que da la vida (Rm 5,19).

¿Ha habido alguien libre del pecado original?

María, la Madre de Jesús, en previsión de los méritos de su divino Hijo, fue preservada del pecado original desde el momento de su concepción en el seno de su madre. Este gran privilegio es llamado la Inmaculada Concepción. [491]

Alégrate, llena de gracia, el Señor está contigo (Lc 1,28).

¿Por qué estamos en esta tierra?

¿Cuál es la finalidad de nuestra vida sobre la tierra?

La finalidad de nuestra vida sobre la tierra es alcanzar la felicidad eterna que se encuentra solamente en Dios. (356-358)

Dios nos ha dado vida eterna y esta vida está en su Hijo (1 Jn 5,11).

¿Por qué solamente Dios nos puede hacer felices?

Dios nos dio un deseo tan grande de felicidad, que nada diferente de la unión con él nos puede satisfacer.

Dichosos todos los que temen a Yahveh, los que van por sus caminos... ¡Dichoso tú, que todo te irá bien! (Sal 128,1-2).

¿Vendrá automáticamente a nosotros esta felicidad?

No, puesto que poseemos inteligencia y libre voluntad, Dios nos pide que cooperemos con él conociéndolo, amándolo y sirviéndole. [27]

Trabajen con temor y temblor por su salvación (Flp 2,12).

¿Cómo podemos conocer a Dios?

Con nuestra razón podemos llegar a conocer algo acerca de Dios, a través del mundo creado. Pero ese conocimiento puede ser difícil de alcanzar, por eso Dios se ha revelado a sí mismo a nosotros. Hizo eso por medio de sus acciones salvíficas y sus palabras en la historia de Israel, y luego enviando a su Hijo, Jesucristo, quien es la plenitud de la revelación. La enseñanza de Jesús llega a nosotros a través de la Escritura y de la sagrada Tradición, en la forma en que es enseñada e interpretada por la Iglesia. En el Bautismo recibimos el don del Espíritu Santo que nos hace capaces de creer por medio de la fe. [31-38, 50-67]

Nos persignamos

Una cruz en la frente y decimos...

Por la señal de la santa Cruz

Una cruz en la boca y decimos...

de nuestros enemigos

Una cruz en el pecho y decimos...

Líbranos, Señor, Dios nuestro.

En el nombre del Padre

y del Hijo

y del Espíritu

Santo.

Amén

Credo de los Apóstoles

Creo en Dios, Padre todopoderoso,
creador del cielo y de la tierra.
Creo en Jesucristo,
su único Hijo, nuestro Señor,
que fue concebido por obra y gracia
del Espíritu Santo.
Nació de Santa María Virgen,
padeció bajo el poder de Poncio Pilato,
fue crucificado, muerto y sepultado,
descendió a los infiernos,
al tercer día resucitó de entre los muertos,
subió a los cielos
y está sentado a la derecha de Dios,
Padre todopoderoso.
Desde allí ha de venir a juzgar
a vivos y muertos.
Creo en el Espíritu Santo,
la santa Iglesia católica,
la comunión de los santos,
el perdón de los pecados,
la resurrección de la carne
y la vida eterna.
Amén.

Lo invisible de Dios, desde la creación del mundo, se deja ver a la inteligencia a través de sus obras: su poder eterno y su divinidad (Rm 1,20).

¿Cómo podemos amar y servir a Dios?

Podemos amar y servir a Dios principalmente *deseando* amarlo y servirlo, evitando el pecado, participando en los sacramentos, especialmente Penitencia y Eucaristía, permaneciendo fieles a las enseñanzas y leyes de la Iglesia de Cristo, orientando a los otros hacia Dios por medio de una vida a la manera de Cristo, y con oración frecuente.

¿Cuándo podemos compartir la felicidad de Dios?

Podemos comenzar a compartir la felicidad de Dios ya mismo, viviendo una vida buena, que trae paz al corazón. Pero, de lejos, la mayor felicidad será disfrutada después de la muerte. Entonces la persona fiel escuchará:

¡Bien, siervo bueno y fiel! En lo poco has sido fiel, al frente de lo mucho te pondré: ¡entra en el gozo de tu señor! (Mt 25,23).

¿Todo ser humano seguirá vivo después de la muerte?

El alma humana es inmortal. En la resurrección de los muertos al fin del mundo, cuerpo y alma serán reunidos para vivir eternamente. [997-998, 1022]

Y saldrán los que hayan hecho el bien para una resurrección de vida, y los que hayan hecho el mal, para una resurrección de juicio (Jn 5,29).

¿Tenemos un nombre para esa felicidad eterna con Dios?

"El cielo es el fin último y la realización de las aspiraciones más profundas del hombre, el estado supremo y definitivo de dicha", asegura el *Catecismo de la Iglesia Católica.* [1024]

Ahora vemos en un espejo, en enigma. Entonces veremos cara a cara (1 Co 13,12).

¿Cómo sabemos que el cielo existe?

Dios nos ha revelado que el cielo existe; Jesús habló muchas veces de la recompensa eterna que espera al justo. [1027]

Entonces los justos brillarán como el sol en el Reino de su Padre (Mt 13,43).

¿Es importante mantener en la mente el cielo?

El pensamiento del cielo nos da esperanza; nos ayuda a ser más felices, a conducir mejor la vida y a actuar de mejor manera.

El que siembra en abundancia, cosechará también en abundancia... Dios ama al que da con alegría. Y poderoso es Dios para colmarlos de toda gracia (2 Co 9,6-8).

Dios envía a su Hijo

¿Qué es la historia de salvación?

La historia de salvación es la historia de la acción amorosa de Dios en las vidas de los seres humanos para liberarlos del pecado y llevarlos hasta Él mismo.

¿Tenemos parte en la historia de salvación?

Podemos cooperar con el plan amoroso de Dios participando en la vida de gracia que Él nos ofrece por medio de la Iglesia.

¿Cuáles son las mayores acciones salvíficas de Dios?

La Encarnación, muerte y resurrección de Jesús, el Hijo unigénito de Dios, son las mayores acciones salvíficas, por medio de las cuales fue realizada nuestra redención.

¿Cuándo comenzó la historia de salvación?

La historia de salvación comenzó en el tiempo de nuestros primeros padres, que pecaron gravemente y perdieron la gracia de Dios para ellos mismos y para sus descendientes. El pecado comenzó a propagarse en el mundo, pero Dios no abandonó a la raza humana. Continuamente nos ofreció una alianza y por medio de los profetas nos reveló su gran amor para con nosotros. Cuando llegó el tiempo previsto, Dios envió a su Hijo para morir por nuestros pecados y llevarnos a la vida eterna.

Ahora, por la obra del Espíritu Santo, Dios sigue ofreciendo a todo el pueblo la salvación que Jesús obtuvo para nosotros en la cruz del Calvario. [54 ss.]

En toda sabiduría e inteligencia, dándonos a conocer el Misterio de su voluntad según el benévolo designio que en él se propuso de antemano, para realizarlo en la plenitud de los tiempos: hacer que todo tenga a Cristo por Cabeza, lo que está en los cielos y lo que está en la tierra (Ef 1,8-10).

¿Qué es la Buena Noticia?

La Buena Noticia es que Dios envió a su Hijo Jesucristo para redimirnos, como prometió a Abrahán y a sus descendientes. [422-424]

Pero, al llegar la plenitud de los tiempos, envió Dios a su Hijo, nacido de mujer... para que recibiéramos la filiación adoptiva (Ga 4,4-5).

¿Cómo es que creemos en Jesucristo?

Dios Padre nos escogió, y su Espíritu Santo movió nuestros corazones para que creamos que Jesucristo es el Hijo de Dios y nuestro Salvador. [424]

Simón Pedro contestó: Tú eres el Cristo, el Hijo de Dios vivo (Mt 16,16).

¿Qué significa el nombre "Jesús"?

En hebreo, Jesús significa "Dios salva". En la anunciación, el ángel Gabriel le dio ese nombre, que resume la identidad y la misión de Jesús. [430-435]

No hay bajo el cielo otro nombre dado a los hombres por el que nosotros debamos salvarnos (Hch 4,12).

¿Qué significa el título "Cristo"?

"Cristo" es una palabra griega derivada del hebreo "Messiah" (= Mesías), que significa "ungido". Con el fin de cumplir su única misión, Jesús fue ungido como sacerdote, profeta y rey. [436-440]

Sepa, pues, con certeza toda la casa de Israel que Dios ha constituido Señor y Cristo a este Jesús a quienes ustedes han crucificado (Hch 2,36).

¿Qué significa el título "Señor"?

El título "Señor" es derivado del griego "Kyrios", que los escribas cristianos usaron para traducir el nombre hebreo de Dios, *YHWH*. [446-451, 455]

Nadie puede decir, "¡Jesús es Señor!" sino con el Espíritu Santo (1 Co 12,3).

¿Qué significa el título "Hijo de Dios"?

Cuando es usado para designar a Jesucristo, el título "Hijo de Dios" reconoce su filiación divina. No es usado en el sentido común bíblico de filiación adoptiva ni de relación íntima como es el caso de los ángeles, los Israelitas o sus reyes, sino para declarar el hecho de que Jesucristo es realmente el Dios-Hombre. [441-445, 454]

Y hemos contemplado su gloria, gloria que recibe del Padre como Hijo único (Jn 1,14b).

¿El Hijo de Dios por qué se hizo hombre?

El Hijo de Dios se hizo hombre para enseñarnos lo que debemos creer, para mostrarnos el modo correcto de vivir, y sobre todo para morir y resucitar para nuestra salvación. Jesús vino para: [461]

- reconciliarnos con Dios a fin de salvarnos [457];
- manifestar el amor que Dios nos tiene [458];
- presentarse ante nosotros a sí mismo como modelo de santidad [459];
- hacernos partícipes de su naturaleza divina [460].

En estos últimos tiempos (Dios) nos ha hablado por medio del Hijo... (Hb 1,2).

¿Qué es la Encarnación?

La Encarnación significa que Dios Hijo, la Segunda Persona de la Santísima Trinidad, tomó para sí mismo una naturaleza humana y se hizo un hombre verdadero – Jesús de Nazaret. [461-463]

Y la Palabra se hizo carne y puso su Morada entre nosotros (Jn 1,14a).

¿Jesús es verdaderamente Dios y verdaderamente Hombre?

Jesús es verdaderamente Dios y verdaderamente hombre. [464]

Sabemos que el Hijo de Dios ha venido y nos ha dado inteligencia para que conozcamos al Verdadero. Nosotros estamos en el Verdadero, en su Hijo Jesucristo. Éste es el Dios verdadero y la Vida eterna (1 Jn 5,20).

¿Qué podemos deducir del hecho de que Jesús sea a la vez Dios y Hombre?

Jesús es una única Persona, y esa Persona es Dios Hijo. Puesto que tiene dos naturalezas – la naturaleza divina y la naturaleza humana – él es a la vez Dios y Hombre. Este misterio es llamado la unión hipostática. [252, 464-469]

A Dios nadie lo ha visto jamás: el Hijo único, que está en el seno del Padre, él lo ha contado. (Jn 1,18).

¿Qué queremos decir con naturaleza y persona?

Naturaleza es *lo que* algo o alguien es; *persona* es *quién* es alguien. Jesús es una Persona con dos naturalezas. Éste es un gran misterio de nuestra fe. [467]

¿Jesús sigue siendo a la vez Dios y Hombre?

Sí, Jesús sigue siendo a la vez Dios y Hombre y lo seguirá siendo por la eternidad.

¿Cómo es hombre el Hijo de Dios?

El Hijo de Dios asumió una naturaleza humana. Esto significa que todo lo que Cristo es y hace expresa su divinidad a través de su inteligencia, voluntad y cuerpo humanos. [470]

¿Tanto tiempo hace que estoy con ustedes y no me conoces, Felipe? El que me ha visto a mí, ha visto al Padre. ¿Cómo dices tú: 'Muéstranos al Padre'? ¿No crees que yo estoy en el Padre y el Padre está en mí? (Jn 14,9-10).

Si él era Dios, ¿por qué decimos que Jesús hizo la voluntad del Padre?

Jesús posee dos naturalezas con todas sus operaciones. Las naturalezas humana y divina están en total armonía porque pertenecen a *una* Persona, la Segunda Persona de la Santísima Trinidad. [475]

El Padre que permanece en mí es el que realiza las obras (Jn 14,10).

¿El conocimiento humano de Cristo tenía alguna limitación?

Sí, como hombre el conocimiento humano de Cristo era limitado por las condiciones históricas que lo rodeaban. Sin embargo, él tenía también el conocimiento divino del plan eterno de Dios y la divina penetración de los pensamientos de otras personas. [472-474]

Si al decirles cosas de la tierra, no creen, ¿cómo van a creer si les digo cosas del cielo? (Jn 3,12).

¿Veneramos el cuerpo humano de Cristo?

Ciertamente veneramos el cuerpo humano de Cristo y sus imágenes porque por medio de él se manifestó su divinidad, y por su sufrimiento y muerte nos redimió. [476-477]

Teniendo, pues, hermanos, plena seguridad para entrar en el santuario en virtud de la sangre de Jesús, por este camino nuevo y vivo, inaugurado por él para nosotros, a través del velo, es decir, de su propia carne, y con un Sumo Sacerdote al frente de la casa de Dios, acerquémonos con sincero corazón, en plenitud de fe... (Hb 10,19-22).

¿Cómo representamos el amor humano que Jesús nos tiene?

La devoción al Sagrado Corazón de Jesús ilustra el amor que Jesús tiene a su Padre y a cada uno de nosotros. [478]

La vida que vivo al presente en la carne, la vivo en la fe del Hijo de Dios que me amó y se entregó a sí mismo por mí (Ga 2,20).

¿Cómo preparó Dios el mundo para la venida de Cristo?

Durante siglos, Dios preparó gradualmente el mundo para la venida de Cristo, especialmente por medio de la obra de los profetas. Su inmediato precursor fue Juan el Bautista, que bautizó a Jesús con el bautismo de penitencia. Durante el Adviento la Iglesia se prepara para la venida de Cristo en el espíritu de Juan el Bautista. [522-526]

Ustedes mismos me son testigos de que dije: 'Yo no soy el Cristo, sino que he sido enviado delante de él (Jn 3,28).

¿Dónde podemos aprender acerca de la vida y enseñanzas de Jesús?

Aprendemos acerca de la vida y enseñanzas de Jesús a partir del Nuevo Testamento, especialmente los Evangelios.

¿Por qué los Evangelios no nos dan una más completa información acerca de la vida de Jesús?

Los Evangelios tienen el propósito específico de anunciar que Dios visitó y redimió a su pueblo en su Hijo Jesucristo. La información que nos dan es suficiente para ese propósito. [514]

Hay además otras muchas cosas que hizo Jesús. Si se escribieran una por una, pienso que ni todo el mundo bastaría para contener los libros que se escribieran (Jn 21,25).

¿Qué es la Anunciación?

La Anunciación es el día (ordinariamente celebrado el 25 de marzo) en el que la Iglesia recuerda el anuncio del Ángel Gabriel a María de que ella iba a ser la Madre de Dios, su aceptación, y la Encarnación del Hijo de Dios por la acción del Espíritu Santo. [484-486]

El ángel le respondió: 'El Espíritu Santo vendrá sobre ti y el poder del Altísimo te cubrirá con su sombra; por eso el que ha de nacer será santo y será llamado Hijo de Dios... María dijo: 'He aquí a la esclava del Señor; hágase en mí según tu palabra' (Lc 1,35.38).

¿María es realmente la Madre de Dios?

Sí, María es realmente la Madre de Dios, porque Jesús, el hijo realmente nacido de ella, es también el Hijo eterno de Dios. María es llamada *Theotókos*, la-que-dio-a-luz-a-Dios. [495]

¿De dónde a mí que la madre de mi Señor venga a mí? (Lc 1,43).

¿Qué es la Inmaculada Concepción?

La Inmaculada Concepción significa que María fue concebida sin pecado original y dotada de gracia. Este privilegio especial le fue dado porque Cristo habría de nacer de ella. En 1854 el Papa Pío IX proclamó como dogma la Inmaculada Concepción y es celebrada el 8 de diciembre. [490-493]

(Dios) nos ha elegido en él antes de la fundación del mundo para ser santos e inmaculados en su presencia (Ef 1,4).

¿Qué es el nacimiento virginal?

El nacimiento virginal significa que María permaneció virgen antes, durante y después del nacimiento de Cristo. [496-501]

María respondió al ángel.¿ Cómo será esto, puesto que no conozco varón? (Lc 1,34).

¿Por qué hablan los Evangelios de "hermanos y hermanas" del Señor?

Cuando los Evangelios hablan de hermanos y hermanas de Jesús, se refieren a parientes próximos, tales como primos, o quizás conciudadanos de su propia ciudad de residencia. No podemos verificar su identidad, pero conocemos que no pueden ser hijos de María porque ella era perpetuamente virgen. [500] (Nótese que en los Evangelios nadie es llamado nunca "hijo de María", y que dos de los "hermanos de Jesús", Santiago y Joset (Mc 6,3), son presentados como hijos de otra María diferente de la madre de Jesús (Mc 15,40; cf Jn 19,25) en el Calvario.- Nota del traductor).

Oye, tu madre, tus hermanos y tus hermanas están fuera y te buscan (Mc 3,22).

¿Cómo se relaciona San José con Jesús y con María?

José era el verdadero esposo de María y el padre adoptivo de Jesús. José era guardián de la Virgen y del Hijo de ella, y se preocupó por Jesús y cuidó de él como un padre por su hijo. También enseñó a Jesús una profesión y lo inició en la religión de su pueblo. [497]

¿No es éste el hijo del carpintero? (Mt 13,55).

¿Dónde nació Jesús?

Jesús nació en Belén de Judea, la pequeña ciudad en la que nació el rey David.

Subió también José desde Galilea, de la ciudad de Nazaret, a Judea, a la ciudad de David, que se llama Belén, por ser él de la casa y familia de David (Lc 2,4).

¿Por qué vino Jesús en la forma de un niño?

Cristo vino a nuestro mundo como un niño, nacido en pobreza, porque para ser verdaderamente humano tenía que experimentar nuestra vida desde el nacimiento hasta la muerte. En esto nos dio un ejemplo de humildad y de amor. [525-526]

Así pues, quien se haga pequeño como este niño, ése es el mayor en el Reino de los Cielos (Mt 18,4).

¿Qué conocemos de la infancia de Jesús?

Poco conocemos de la infancia de Jesús. Los Evangelios mencionan los siguientes acontecimientos:

a) *Circuncisión.* Al octavo día después de su nacimiento, Jesús fue circuncidado. Ese rito lo incorporaba a la alianza y lo capacitaba para participar en el culto de Israel. [527]

Y cuando se cumplieron los ocho días para circuncidarle, se le dio el nombre de Jesús (Lc 2,21).

b) *Epifanía.* Éste indica la universalidad de la misión de Jesús y conmemora la visita de los sabios del oriente. La liturgia vincula esta manifestación de Jesús con su bautismo por Juan y las bodas en Caná, donde Jesús realizó el primero de sus signos. [528]

Nacido Jesús en Belén de Judea, en tiempo del rey Herodes, unos magos que venían del Oriente se presentaron en Jerusalén, diciendo: '¿Dónde está el Rey de los judíos que ha nacido?' (Mt 2,1).

c) *Presentación.* Éste fue el día en que Jesús, el Hijo primogénito, fue oficialmente ofrecido en el templo, aceptado por Dios y reconocido como el Mesías, pero también como un signo que sería rechazado. [529]

Cuando se cumplieron los días de la purificación de ellos, según la Ley de Moisés, lo llevaron a Jerusalén para presentarlo al Señor (Lc 2,22).

d) *Huída a Egipto.* La Sagrada Familia buscó refugio en Egipto para escapar de la intención asesina del Rey Herodes. Este evento conmemora la matanza de muchos niños inocentes en Belén y es un signo de la vida perseguida de Jesús. [530]

Vino a su casa y los suyos no lo recibieron (Jn 1,11).

¿Cuál fue la característica notable de Jesús joven?

Jesús fue notable por su obediencia a Dios y a sus padres. Esa virtud siguió siendo el distintivo de su vida, especialmente evidente en la pasión. [531-534]

Bajó con ellos y vino a Nazaret, y vivía sujeto a ellos (Lc 2,51).

¿Nos mostró Jesús cómo vivir?

Jesús nos mostró cómo vivir especialmente con su ejemplo, esto es, con la manera como vivió su vida privada y pública. Aunque conocemos muy poco de su vida privada, él pasó su vida pública enseñando. Probablemente ella duró un poco más de dos años y terminó con su muerte y resurrección. [512-570]

El cual, siendo de condición divina, no retuvo ávidamente el ser igual a Dios. Sino que se despojó de sí mismo tomando condición de siervo haciéndose semejante a los hombres y apareciendo en su porte como hombre; y se humilló a sí mismo, obedeciendo hasta la muerte y muerte de cruz (Flp 2,6-8).

¿Muestran los evangelios que Jesús es verdaderamente Dios?

Sí, los Evangelios muestran que Jesús es verdaderamente Dios. En formas que eran muy claras para el pueblo de su tiempo y país, Jesús mostró que era Dios. [515] Por ejemplo, Jesús dijo:

Todo me ha sido entregado por mi Padre, y nadie conoce bien al Hijo sino el Padre, ni al Padre le conoce bien nadie sino el Hijo y aquel a quien el Hijo se lo quiera revelar (Mt 11,27).

¿Cómo apoyó Jesús su proclamación de que era Dios?

Jesús apoyó su proclamación de que era Dios haciendo milagros y profetizando. [515]

Las obras que el Padre me ha encomendado llevar a cabo, las mismas obras que realizo, dan testimonio de mí, de que el Padre me ha enviado. Y el Padre, que me ha enviado, es el que ha dado testimonio de mí (Jn 5,36-37).

¿Qué es un milagro?

Un milagro es algo que se realiza por fuera del funcionamiento ordinario de las leyes de la naturaleza. Eso es algo que solamente Dios puede hacer, sea directamente o por medio de instrumentos humanos. [547-550]

(Jesús) gritó con voz fuerte: '¡Lázaro, sal fuera!'. Y salió el muerto, atado de pies y manos con vendas y envuelto el rostro en un sudario (Jn 11,43-44).

¿Cuál fue el mayor milagro de Jesús?

El mayor milagro de Jesús fue su resurrección. [648]

Tengo poder para darla (mi vida) y poder para recobrarla de nuevo (Jn 10,18).

¿Qué es profecía?

La profecía puede referirse a acontecimientos futuros, pero es básicamente la mediación e interpretación de la mente y la voluntad divinas por medio de acontecimientos pasados y presentes. [64, 436]

Y yo cuando sea levantado de la tierra, atraeré a todos hacia mí (Jn 12,32).

¿Cuáles fueron algunas de las profecías de Jesús?

Jesús profetizó su pasión y resurrección, su negación por parte de Pedro, su traición por parte de Judas, y la destrucción del templo (la que tuvo lugar unos cuarenta años después de su ascensión). [557-558, 585]

Yo os aseguro: no quedará aquí piedra sobre piedra que no sea destruida (Mt 24,2).

¿Por qué los milagros y profecías de Jesús prueban que él es divino?

Los milagros y profecías de Jesús solamente podían ser hechos si Dios estaba con él y por lo tanto aprobaba lo que él había dicho acerca de su ser divino. [547-548]

Las mismas obras que realizo, dan testimonio de mí, de que el Padre me ha enviado (Jn 5,36).

Jesús fue llamado maestro. ¿A quién enseñó él?

Jesús enseñó a todos los que vinieron a escucharlo, pero dio un entrenamiento especial a sus discípulos, especialmente a los doce apóstoles. En los Evangelios y por medio de la Iglesia, Jesús sigue siendo nuestro maestro. [427, 541-546]

No les hablaba sin parábolas; pero a sus propios discípulos se lo explicaba todo en privado (Mc 4,34).

Los que siguieron a Jesús de una manera especial fueron llamados discípulos o apóstoles. ¿Qué significan esas palabras?

Discípulo significa alumno o seguidor; *apóstol* significa alguien "que es enviado". Jesús fue enviado al mundo por su Padre; ahora él estaba preparando el envío de sus apóstoles al mundo como sus mensajeros. [520, 858, 1506]

Subió al monte y llamó a los que él quiso; y vinieron donde él. Instituyó Doce, para que estuvieran con él, y para enviarlos a predicar (Mc 3,13-14).

¿Qué es la redención?

La redención se refiere a la obra salvífica de Dios por medio de Jesús, quien entregó su vida para que nosotros podamos ser libres del pecado y reconciliados con el Padre. [601-602]

Tampoco el Hijo del hombre ha venido a ser servido, sino a servir y a dar su vida como rescate por muchos (Mc 10,45).

¿Por qué murió Jesús?

Jesús murió para liberarnos del pecado, tanto del pecado de nuestros primeros padres como de nuestros pecados personales. La muerte de Jesús nos reconcilió con el Padre de tal manera que podemos recibir la vida de Dios, llamada gracia, y alcanzar la salvación eterna. [601-615]

Por la obediencia de uno solo todos serán constituidos justos... así, lo mismo que el pecado reinó en la muerte, así también reinaría la gracia en virtud de la justicia para vida eterna por Jesucristo nuestro Señor (Rm 5, 19.21).

¿Jesús tenía que sufrir y morir para salvarnos?

Jesús no tenía que sufrir y morir para salvarnos, pero él escogió libremente hacerlo. [606, 609]

Yo soy el buen pastor. El buen pastor da su vida por las ovejas... Nadie me la quita; yo la doy voluntariamente (Jn 10,11.18).

¿Qué podemos aprender del hecho de que Jesús ofrezca su vida por nuestra salvación?

La muerte de Jesús nos enseña lo mucho que él nos ama y cuán malo es el pecado. [604]

Nadie tiene mayor amor que el que da su vida por sus amigos (Jn 15,13).

¿Dios tenía obligación de salvarnos?

Dios escogió libremente redimirnos movido por su gran amor. Nosotros no merecíamos eso; fue un regalo gratuito de Dios. [604-605]

La prueba de que Dios nos ama es que Cristo, siendo nosotros todavía pecadores, murió por nosotros (Rm 5,8).

¿Quién es responsable por la muerte de Jesús?

Todos nosotros somos responsables por la muerte de Jesús por causa de nuestra pecaminosidad; no podemos arrojar la culpa sobre individuos particulares o grupos. [597-598]

... Jesús iba a morir por la nación, y no sólo por la nación sino también para reunir en uno a los hijos de Dios que estaban dispersos (Jn 11,51-52).

¿Murió Jesús por todo el pueblo?

Como Redentor de la raza humana, Jesús murió por todo el pueblo sin excepción. [605]

Él es víctima de propiciación por nuestros pecados, no sólo por los nuestros, sino también por los del mundo entero (1 Jn 2,2).

¿Jesús murió realmente?

Jesús murió realmente. Eso significa que su alma humana se separó de su cuerpo humano. Para quitar toda duda, el Evangelio nos dice claramente que cuando el soldado traspasó el corazón de Jesús con una lanza él estaba realmente muerto (cf. Jn 19,33-34). [626]

Cristo murió por nuestros pecados, según las Escrituras (1 Co 15,3).

¿Cómo llamamos los sufrimientos de Jesús antes de su muerte?

Los sufrimientos de Jesús antes de su muerte son llamados su pasión. [610]

¿Qué es el Viernes Santo?

El Viernes Santo es el Viernes antes de Pascua, en el cual recordamos de manera especial los sufrimientos y la muerte del Salvador por nosotros en el Calvario.

¿Por qué decimos que Jesús descendió a los infiernos?

"Infiernos" aquí se refiere a la morada de los justos que murieron antes de la venida de Jesús. Después de su muerte, Jesús descendió allí en su alma para liberar a los que estaban esperando la liberación. [631-635]

Llega la hora (ya estamos en ella) en que los muertos oirán la voz del Hijo de Dios, y los que la oigan vivirán (Jn 5,25).

¿En realidad volvió Jesús nuevamente a la vida?

Los Evangelios claramente nos dicen que Jesús realmente volvió de nuevo a la vida. La reunión del cuerpo y del alma de Jesús, llamada la resurrección, se realizó por el poder de Dios, que poseen tanto el Padre, como el Hijo y el Espíritu Santo. [639]

¿Por qué buscan entre los muertos al que está vivo? No está aquí, ha resucitado (Lc 24,5-6).

Oración al Ángel de la Guarda

**Ángel de mi Guarda, mi dulce compañía,
no me desampares de noche ni de día.
Hasta que me pongas en paz y alegría
con todos los santos, Jesús, José y María.**

**Si me desamparas... ¿Qué será de mí?
Ángel de mi Guarda, ruega a Dios por mí.
Amén.**

La catequesis

Es un pilar maestro para la educación en la fe. Ser catequistas requiere un amor cada vez más intenso a Cristo y nosotros debemos caminar desde Cristo. Ese caminar significa:

1. ***Tener familiaridad con Cristo, permaneciendo unidos a él, dentro de él, hablando con él: permanecer en Jesús.***

2. ***Imitar a Cristo en el salir de sí e ir al encuentro del otro. Donde hay verdadera vida en Cristo, hay apertura al otro.***

3. ***No tener miedo de ir con Cristo a las periferias. No tener miedo de salir de nuestros esquemas para seguir a Dios.***

Papa Francisco

¿En qué consistió la nueva vida de Cristo resucitado?

En la resurrección el mismo Jesús que había muerto regresó a la vida, pero en un estado glorioso y lleno de poder, para nunca más morir. La nueva vida de Jesús era la de los cielos, ya no limitada por el tiempo y el espacio. [645-647]

Después de esto, se apareció, bajo otra figura, a dos de ellos cuando iban de camino... (Mc 16,12).

¿Por qué es importante la resurrección de Jesús?

La resurrección de Jesús muestra que él es verdaderamente Dios como afirmó y, por lo tanto, que su muerte realmente nos salvó. [651-655]

Y si no resucitó Cristo, vacía es nuestra predicación, vacía es la fe de ustedes... ¡Pero no! Cristo resucitó de entre los muertos... (1 Co 15,14.20).

¿Qué nos dice la resurrección de Jesús acerca de nuestra futura resurrección?

La resurrección de Jesús nos muestra que nuestra resurrección será semejante al fin del mundo. Así como el poder de Dios unió el cuerpo y el alma de Jesús, así serán reunidos nuestros propios cuerpos y almas por el poder de Dios al fin del tiempo. [655]

Del mismo modo que en Adán mueren todos, así también en Cristo revivirán todos (1 Co 15,22).

¿Qué sucedió después de la resurrección de Jesús?

Después de su resurrección, Jesús se apareció a sus seguidores varias veces para mostrar que verdaderamente había resucitado y para prepararlos para su misión. Luego ascendió hacia su Padre. [659]

Después de su pasión, se les presentó dándoles muchas pruebas de que vivía... (Hch 1,3).

¿Cómo se llama la partida visible de Jesús de este mundo?

La partida visible de Jesús de este mundo es llamada la ascensión. Este importante acontecimiento es conmemorado cada año en la fiesta de la Ascensión. [660]

Subo a mi Padre y su Padre, a mi Dios y su Dios (Jn 20,17).

¿Cómo llamamos la pasión, muerte, resurrección y ascensión de Jesús?

La pasión, muerte, resurrección y ascensión de Jesús son llamadas el Misterio Pascual. "Pascual" se refiere a la Pascua judía y a la Pascua de Resurrección; "misterio" significa aquí acontecimiento. [571]

¿Cómo está presente Jesús en nuestro mundo actual?

Jesús resucitado y glorioso "permanece en la tierra en su Iglesia" [669]. Él está completamente presente (como Dios y Hombre) en la Eucaristía. También está presente en los otros sacramentos, sus acciones que nos dan al Espíritu Santo y la gracia. También, por su poder como Dios, él nos habla por medio de la Biblia y de la Iglesia, especialmente del Papa.

He aquí que yo estoy con ustedes todos los días hasta el fin del mundo (Mt 28,20).

¿Cuándo vendrá nuevamente Cristo?

Cristo es el Señor de la historia y cabeza de la Iglesia, aunque de hecho no toda la tierra le esté ya sometida. En un tiempo futuro conocido solamente por Dios, Cristo regresará glorioso para establecer totalmente su reino. [671-672]

'Señor, ¿es en este momento cuando vas a restablecer el Reino de Israel?' Él les contestó: 'A ustedes no les toca conocer el tiempo y el momento que ha fijado el Padre con su autoridad...' (Hch 1,6-7).

¿Qué es el juicio final?

El juicio final será el día de la justicia y de la misericordia de Dios, cuando el bien triunfará finalmente sobre el mal. El corazón de cada persona que alguna vez haya vivido será revelado. Recibiremos eterna recompensa o eterno castigo según nuestras obras y nuestra aceptación de la gracia de Dios. [678-679]

(El Hijo del hombre) se sentará en su trono de gloria. Serán congregadas delante de él todas las naciones, y él separará a los unos de los otros... (Mt 25,31-32).

Creer en el Espíritu Santo

¿Quién es el Espíritu Santo?

El Espíritu Santo es la Tercera persona de la Santísima Trinidad. [685]

En él (Cristo) también ustedes, tras haber oído la Palabra de la verdad... y creído también en él, fueron sellados con el Espíritu Santo de la Promesa (Ef 1,13). (Ver también Rm 8,14.17; Hch 1,8)

¿El Espíritu Santo es Dios?

El Espíritu Santo es Dios, como lo son el Padre y el Hijo. [691]

La gracia del Señor Jesucristo, el amor de Dios y la comunión del Espíritu Santo sean con todos ustedes (2 Co 13,13).

¿Qué otros nombres tiene el Espíritu Santo?

El Espíritu Santo es también llamado Paráclito, Espíritu de Dios, Don de Dios, Espíritu de la Verdad, Espíritu de Adopción y Dador de Vida. [691-693]

Cuando venga él, el Espíritu de la verdad, los guiará hasta la verdad completa (Jn 16,13).

¿Qué significa "Paráclito"

Paráclito significa "alguien llamado para ayudar" (abogado, intercesor). El término también significa "consolador". [692]

Y yo pediré al Padre y les dará otro Paráclito para que esté con ustedes para siempre (Jn 14,16).

¿Qué hace el Espíritu Santo a favor de nosotros?

El Espíritu Santo nos transforma por medio de la gracia santificante, las virtudes, sus dones y las gracias actuales. Nos ayuda a conocer

Jesús, nuestro Salvador, y a nuestro Padre que está en los cielos; el Espíritu también nos ayuda a orar y a evangelizar. [733-736]

Si vivimos según el Espíritu, obremos también según el Espíritu (Ga 5,25).

¿Qué hace el Espíritu Santo a favor de la Iglesia?

El Espíritu Santo unifica al pueblo de Dios, la Iglesia, en la fe y en el amor, y nos da la gracia que Jesús ganó para nosotros con su muerte en la cruz. El Espíritu guía a los principales maestros de la Iglesia, el Papa y los obispos unidos con él, de manera que la lleven fielmente a la verdad que Cristo enseñó. [737]

Las iglesias por entonces gozaban de paz...; se edificaban y progresaban en el temor del Señor y estaban llenas de la consolación del Espíritu Santo (Hch 9,31).

¿Cuándo se manifestó por primera vez el Espíritu Santo a los seguidores de Jesús?

Aunque el Espíritu Santo estaba activo en el mundo antes de la resurrección de Jesús, en Pentecostés descendió el Espíritu Santo sobre los discípulos de Jesús con gran poder. Dio a los apóstoles valor, una comprensión más profunda de las enseñanzas de Jesús, y un espíritu de sacrificio. Los fortaleció con la gracia y los unió más estrechamente. [739-741]

Se les aparecieron unas lenguas como de fuego que se repartieron y se posaron sobre cada uno de ellos; quedaron todos llenos del Espíritu Santo y se pusieron a hablar en otras lenguas, según el Espíritu les concedía expresarse (Hch 2,3-4).

¿Qué don especial nos da el Espíritu Santo?

El Espíritu Santo nos da la *gracia,* una participación en la vida de Dios, que Jesús obtuvo para nosotros por medio de su muerte en la cruz. [1996-1997]

Por medio de las cuales nos han sido concedidas las preciosas y sublimes promesas, para que por ellas se hicieran partícipes de la naturaleza divina... (2 P 1,4).

Creer en la Santa Iglesia Católica

El Misterio de la Iglesia

¿Cómo llamamos a la Iglesia fundada por Jesús?

A la Iglesia fundada por Jesús la llamamos Iglesia Católica.

¿Qué es la Iglesia Católica?

La Iglesia Católica es la verdadera Iglesia fundada por Jesucristo, cuyos miembros están unidos por vínculos de comunión espiritual: lealtad al Papa y a los Obispos unidos con él, unidad en las verdades que se deben creer y en el código moral que se debe seguir, unidad en el culto. La Iglesia es un misterio, el sacramento de salvación y el Pueblo de Dios que peregrina unido hacia la vida eterna. [771-776]

¿Por qué fundó Jesús su Iglesia?

Jesús fundó su Iglesia para continuar su misión de traer a todos los pueblos la salvación eterna. [763]
San Pedro enseñó a los primeros cristianos:

Ustedes son linaje elegido, sacerdocio real, nación santa, pueblo adquirido, para anunciar las alabanzas de Aquel que los ha llamado de las tinieblas a su admirable luz (1 P 2,9).

¿Qué papel especial ejerce el Espíritu Santo en la vida de la Iglesia?

El papel especial del Espíritu Santo en la Iglesia es mantener a los miembros fieles a las enseñanzas de Jesús hasta el fin de los tiempos. El Espíritu Santo también ayuda a la Iglesia a ser cada día más santa. Como alma de la Iglesia, el Espíritu Santo inspira la predicación intrépida del Evangelio. [737, 767-768, 788, 797]

... en la casa de Dios, que es la Iglesia de Dios vivo, columna y fundamento de la verdad (1 Tm 3,15).

¿Qué es la fe católica?

La fe católica comprende las enseñanzas de la Iglesia Católica, esas que creemos – esas que son universalmente creídas.

¿Todas las creencias son igualmente verdaderas?

Aunque todas las creencias reflejan la verdad y la bondad de Dios, solamente una puede ser la fe verdadera. La totalidad de la revelación de Jesús – las verdades que se debe creer, el modo de vida, los dones de la gracia – subsiste (está totalmente presente) en la Iglesia Católica. [816, 830]

Bajo sus pies sometió todas las cosas y le constituyó Cabeza suprema de la Iglesia, que es su Cuerpo, la Plenitud del que lo llena todo en todo (Ef 1,22-23).

¿La Iglesia es a la vez visible y espiritual?

La Iglesia es a la vez visible y espiritual, una sociedad visible que puede ser conocida por sus estructuras, y una realidad divina sostenida por Dios. [771]

¿Quiénes forman el Pueblo de Dios?

El Vaticano II le dio preferencia al término bíblico "Pueblo de Dios" para designar a los seguidores de Jesucristo. Éstos son todos los miembros bautizados de la Iglesia. Los Católicos están completamente incorporados en la Iglesia de Cristo por medio de la gracia, los sacramentos, la profesión de la fe, y la unión con los obispos de la Iglesia unidos al Papa. Sin embargo, los Católicos que viven en un estado de pecado grave tienen solamente una comunión imperfecta con la Iglesia. Otros Cristianos bautizados, aunque no totalmente unidos a la Iglesia Católica, tienen una cierta comunión con ella por medio de la gracia del Bautismo. [781-786, 836-838]

Ustedes son linaje elegido, sacerdocio real, nación santa, pueblo adquirido, para anunciar las alabanzas de Aquel que los ha llamado de las tinieblas a su admirable luz (1 P 2,9).

¿Por qué es llamada la Iglesia el Cuerpo Místico de Cristo?

El término "Cuerpo Místico" se refiere a la unión real de los miembros de la Iglesia (vivos y difuntos) con Jesús, quien es la Cabeza, y unos con otros por medio de la actividad de donación de la gracia del Espíritu Santo. [787-795]

Pues, así como nuestro cuerpo, en su unidad, posee muchos miembros, y no desempeñan todos los miembros la misma función, así también nosotros, siendo muchos, no formamos más que un solo cuerpo en Cristo, siendo cada uno por su parte los unos miembros de los otros (Rm 12,4-5). (Ver también 1 Co 12,27; Jn 15,4-5)

¿Cuáles son las cuatro características que identifican la verdadera Iglesia en el mundo actual?

La verdadera Iglesia fundada por Cristo es una, santa, católica (o universal) y apostólica. Solamente la Iglesia Católica Romana tiene estas cuatro características o señales. [811-812]

¿En qué sentido es UNA la Iglesia Católica?

Arraigada en el misterio de la Trinidad, la unidad de la Iglesia consiste especialmente en el vínculo de caridad. Ella se hace visible en la profesión de la misma fe, el culto común y la unión con los pastores de la Iglesia. [813-822]

Un solo Cuerpo y un solo Espíritu, como una es la esperanza a que han sido llamados. Un solo Señor, una sola fe, un solo bautismo, un solo Dios y Padre de todos que está sobre todos, por todos y en todos (Ef 4,4-6).

¿En qué sentido es SANTA la Iglesia Católica?

Cristo dio su vida para hacer santa a la Iglesia y envió al Espíritu para insuflar santidad dentro de ella. Puesto que todos los miembros de la iglesia son llamados a la santidad, Cristo dio a la Iglesia los medios para ayudarlos a alcanzar esa meta, especialmente los sacramentos. [823-829]

En él (Cristo) toda edificación bien trabada se eleva hasta formar un templo santo en el Señor, en quien también ustedes están siendo juntamente edificados hasta ser morada de Dios en el Espíritu (Ef 2,21-22).

¿En qué sentido es CATÓLICA o universal la Iglesia Católica?

La Iglesia Católica es católica o universal en dos sentidos: primero, porque contiene la plenitud de Cristo en los medios de salvación: doctrina, sacramentos y ministerio apostólico; segundo, porque está destinada para todos los pueblos y en todos los lugares. [830-835]

Vayan, pues, y hagan discípulos a todas las gentes, bautizándolas en el nombre del Padre y del Hijo y del Espíritu Santo, y enseñándoles a guardar todo lo que yo les he mandado. Y he aquí que yo estoy con ustedes todos los días hasta el fin del mundo (Mt 28,19-20).

¿En qué sentido es APOSTÓLICA la Iglesia Católica?

La Iglesia es apostólica porque está fundada sobre los apóstoles, cuya enseñanza la Iglesia maneja fielmente. En esto es guiada por sus pastores, los obispos, que son sucesores de los apóstoles en el oficio pastoral. [857-865]

Edificados sobre el cimiento de los apóstoles y profetas, siendo la piedra angular Cristo mismo (Ef 2,20).

¿La Iglesia Católica es necesaria para la salvación?

La Iglesia Católica es necesaria para la salvación porque Cristo quiere darnos la gracia de la salvación a través de su Iglesia. En cierto sentido esta gracia alcanza inclusive a aquellos que no son miembros de la Iglesia. Si, sin que medie culpa de su parte, ellos no conocen a nuestro Salvador Jesucristo y a su Iglesia, ellos se pueden salvar si buscan sinceramente a Dios y tratan de vivir bien sus vidas. [846-848]

En Cristo Jesús, Señor nuestro, quien, mediante la fe en él, nos da valor para llegarnos confiadamente a Dios (Ef 3,11-12).

Creyentes en Cristo: jerarquía, laicado, vida consagrada

¿Cuál es el papel del Papa en la Iglesia?

El Papa es el Vicario de Cristo y el maestro y guía principal del pueblo de Dios; ocupa el lugar visible de Jesús en la Iglesia. La Iglesia Católica tendrá siempre un Papa porque eso es lo que Jesús quería. [880, 882]

Y yo a mi vez te digo que tú eres Pedro, y sobre esa piedra edificaré mi Iglesia (Mt 16,18). (Ver también Jn 21,17)

¿Qué es el Primado del Papa?

El Primado del Papa significa el "primer lugar" que el Papa ocupa en la Iglesia al enseñar, gobernar y guiar a los Católicos en lo que ellos creen y en la manera como viven. [881]

Y eligió a doce de entre ellos, a los que llamó también apóstoles. A Simón, a quien llamó Pedro... (Lc 6,13-14).

¿Qué significa el título "Príncipe de los Apóstoles"?

El título "Príncipe de los Apóstoles" fue dado a San Pedro, el primer Papa. Significa que él es el primero en medio de los apóstoles, el líder del grupo. [883]

¡El Señor ha resucitado y se ha aparecido a Simón! (Lc 24,34)

¿Por qué es importante seguir al Papa?

El Espíritu Santo guía al Papa al enseñar lo que hay que creer y hacer para ser salvados. Siguiéndolo, tenemos la seguridad de estar en el camino recto. [798]

¿Qué es el don de la infalibilidad de la Iglesia Católica?

El don de la infalibilidad es la libertad de error cuando enseña una verdad de fe o de recto vivir. Proviene del Espíritu Santo y es dado al Papa cuando enseña oficialmente como cabeza de la Iglesia. Es dado también a los obispos unidos con él, sea en el Concilio General o cuando expresan las enseñanzas de la Iglesia. [891-892]

Bienaventurado eres Simón, hijo de Jonás, porque no te ha revelado esto la carne ni la sangre, sino mi Padre que está en los cielos (Mt 16,17).

¿Qué significa el término "ex cathedra"?

El término latino "ex cathedra" significa "desde la cátedra" de San Pedro. Se refiere a las afirmaciones infalibles del Papa acerca de lo que los Católicos deben creer y vivir. [891, nota 418]

¿Qué es la Ciudad del Vaticano?

La Ciudad del Vaticano (que es también una nación independiente) es la ciudad donde el Papa vive. Consiste en un territorio de aproximadamente 44 hectáreas, situado dentro de Roma, Italia. Contiene la residencia del Papa, la Basílica de San Pedro y las oficinas principales de varios dignatarios de la Iglesia.

¿Qué es una encíclica?

Una encíclica es una carta escrita por el Papa, frecuentemente dirigida a los obispos, pero destinada a toda la Iglesia y a veces a todos los pueblos.

¿Qué es el colegio de los obispos?

El colegio de los obispos se refiere a todos los obispos a través del mundo unidos con el Papa. Forman un cuerpo llamado jerarquía o colegio apostólico, que continúa el colegio apostólico de San Pedro y los otros apóstoles. [880]

Cuando se hizo de día llamó a sus discípulos y eligió a doce de entre ellos, a los que llamó apóstoles... (Lc 6,13).

¿Quién es un cardenal?

Un cardenal es un alto dignatario de la Iglesia nombrado por el Papa para el colegio de cardenales (todos los cardenales como un cuerpo unido). Los Cardenales actúan como asesores del Papa y pueden votar en una elección papal. Actualmente el cardenalato es conferido solamente a miembros del clero, generalmente obispos.

¿Cuál es el papel de los obispos en la Iglesia?

Como auténticos maestros de la fe, sucesores de los apóstoles, la tarea principal de los obispos es predicar el Evangelio. También guían al pueblo hacia la santidad por medio del ministerio de los sacramentos. Como pastores, los obispos ejercen la misión pastoral de liderazgo y autoridad como servidores del rebaño. Estos tres papeles corresponden a la misión de Cristo como profeta, sacerdote y rey. [888-896]

¿Quiénes forman la jerarquía?

La jerarquía la forman las autoridades de la Iglesia – especialmente el Papa y los obispos, pero también los presbíteros y diáconos. Cristo les ha encomendado la misión de enseñar, santificar y gobernar la Iglesia en su nombre y con su poder. [873]

Vengan conmigo y los haré pescadores de hombres (Mt 4,19).

¿Qué es el magisterio?

El magisterio es la misión de enseñanza viva de la Iglesia, cuya autoridad es ejercida en nombre de Jesucristo. El Papa y los obispos que enseñan en comunión con él interpretan auténticamente la Palabra de Dios, escrita o transmitida, conservándola y explicándola fielmente bajo la guía del Espíritu Santo. [2032-2034]

Me ha sido dado todo poder en el cielo y en la tierra. Vayan, pues, y hagan discípulos a todas las gentes bautizándolas en el nombre del Padre y del Hijo y del Espíritu Santo, y enseñándoles a guardar todo lo que yo les he mandado. Y he aquí que yo estoy con ustedes todos los días hasta el fin del mundo (Mt 28,18-20).

¿Bajo qué formas se presenta el magisterio?

Se presenta bajo dos formas:

- El magisterio extraordinario, que consiste en las definiciones dogmáticas. Éstas no añaden nada a la revelación divina, solamente le dan nueva claridad. Adherimos a estas enseñanzas con la obediencia de la fe.
- El magisterio ordinario, que consiste en la enseñanza cotidiana del Papa y de los obispos en comunión con él. Respondemos a esta enseñanza con el asentimiento religioso.

¿Qué es un concilio ecuménico?

Un concilio ecuménico o universal es una reunión de los obispos del mundo entero, reunidos por el Papa para discutir y explanar la enseñanza de la Iglesia y establecer líneas de conducta para el Pueblo de Dios. Las conclusiones de un concilio ecuménico deben ser aprobadas por el Papa. [884]

¿Qué es un arzobispo?

Un arzobispo es ordinariamente el obispo de una diócesis extensa (arquidiócesis), que supervisa las diócesis vecinas.

¿Qué es una arquidiócesis o diócesis?

Una arquidiócesis o diócesis es un territorio compuesto por parroquias, puesto por el Papa bajo el cuidado de un líder de la Iglesia llamado obispo o arzobispo.

¿Qué es una parroquia?

Una parroquia es una comunidad de cristianos que celebran juntos el culto en la misma iglesia y son orientados por el mismo presbítero, ordinariamente llamado pastor, y sus asistentes. [2179]

¿Quién es el párroco?

El párroco es el presbítero encargado de una parroquia, su líder espiritual o pastor.

¿Quién es el vicario general?

El vicario general es un obispo auxiliar o un presbítero nombrado para ayudar en el gobierno de una diócesis. Participa de la jurisdicción del obispo.

¿Qué es la cancillería de una arquidiócesis o diócesis?

La cancillería es la oficina central de una diócesis o arquidiócesis, donde se realizan y se conservan todos los asuntos de la Iglesia.

¿Qué es la ley canónica?

La ley canónica es la compilación oficial de la ley de la Iglesia que se encuentra en el *Código de Derecho Canónico.* Basado en el Decreto de Graciano de 1140, la ley canónica fue promulgada en 1917 por el Papa Benedicto XV. En 1983 el papa Juan Pablo II promulgó el nuevo *Código de Derecho Canónico.*

¿Qué es un *imprimatur?*

Un *imprimatur* es el permiso dado por un obispo para imprimir un libro que trate de fe o de moral. La ley canónica especifica las clases de libros que requieren un *imprimatur.*

¿Quiénes forman el laicado?

El laicado está formado por todos los fieles, excepto los que han recibido las Órdenes Sagradas o que son miembros de una congregación religiosa. El laicado participa de la misión sacerdotal, profética y real de Cristo. [897-898]

Piedras vivas, entren en la construcción de un edificio espiritual (1 P 2,5).

¿Cuál es el papel del laicado en la Iglesia?

El laicado ejerce un papel indispensable en la Iglesia. Ellos llevan el testimonio cristiano al interior de las esferas social, política y económica en las que viven y trabajan. [898-912]

¿Cómo participa el laicado en la misión sacerdotal de Cristo?

Por medio de sus vidas, su trabajo diario, oraciones y todas las otras actividades, el laicado ofrece sacrificios espirituales a Dios por medio de Jesucristo. De una manera especial, los padres de familia participan de la misión de la Iglesia en la formación cristiana de sus hijos. [901-903]

¿Cómo participa el laicado en la misión de enseñar de Cristo?

El laicado tiene que jugar una parte vital en la misión evangelizadora de la Iglesia. Lo hacen a través del testimonio cristiano, hablando a los demás acerca de Cristo, enseñando, y usando los medios de comunicación, de acuerdo con sus diferentes circunstancias. [904-907]

¿Cómo participa el laicado en la misión pastoral de Cristo?

El laicado puede llevar los valores del Evangelio a las esferas económica y política y trabajar por una sociedad más justa. Pueden también servir en varios ministerios pastorales en la Iglesia, y en los consejos pastorales, sínodos diocesanos, etc. [908-913]

¿Quiénes son los católicos de rito oriental?

Los católicos de rito oriental son católicos auténticos – unidos al Papa en la unidad de la fe. Difieren levemente de los católicos occidentales (de Rito Latino) en la manera de celebrar la Misa y los sacramentos, como también en varias leyes y costumbres eclesiales. Esos ritos son venerables por causa de sus orígenes antiguos. [1203]

¿Quiénes son los cristianos orientales ortodoxos?

Los Ortodoxos orientales son miembros de las antiguas Iglesias establecidas en el oriente. Debido a varias dificultades, los ortodoxos orientales y las Iglesias Latinas se separaron durante la Edad Media. Los Ortodoxos tienen la Misa y los siete sacramentos pero no aceptan la autoridad del Papa. [838]

¿Qué es el ecumenismo?

El Ecumenismo es el esfuerzo de los Cristianos para llegar a ser una Iglesia unida. Se le llama también movimiento ecuménico. [820-822]

No ruego sólo por estos, sino también por aquellos que, por medio de su palabra, creerán en mí, para que todos sean uno, como tú Padre en mí y yo en ti (Jn 17,20-21).

¿Qué es la misión de la Iglesia?

La misión de la Iglesia es predicar el Evangelio a todos los pueblos a lo largo del mundo. El término "misiones" es con frecuencia usado para designar esos lugares donde el pueblo no ha escuchado todavía el Evangelio. Pero un mayor desafío para la Iglesia en la actualidad es reevangelizar en los países que fueron anteriormente cristianos. [850]

Esto es bueno y agradable a Dios, nuestro Salvador, que quiere que todos los hombres se salven y lleguen al conocimiento pleno de la verdad (1 Tm 2,3-4).

¿Quién es un misionero?

Un misionero es una persona dedicada a difundir la palabra de Dios (evangelizar), especialmente en aquellas áreas del mundo que no son predominantemente cristianas. [849]

Vayan pues, y hagan discípulos a todas las gentes (Mt 28,19).

¿Qué es evangelización?

Evangelización es difundir el Evangelio – las Buenas Noticias acerca de lo que Jesús hizo por nosotros, lo que él espera de nosotros, y lo que él nos promete. Jesús nos dice:

Yo soy la luz del mundo (Jn 8,12).

Ustedes son la luz del mundo (Mt 5,14).

Vayan por todo el mundo y proclamen la Buena Nueva a toda la creación (Mc 16,15).

¿Por qué nos llamó Jesús la "luz del mundo"?

Jesús nos llamó la "luz del mundo" porque desea que nosotros llevemos una buena vida y ayudemos a los demás a llegar a conocerlo. [2044-2046]

Crezcan, pues, en la gracia y en el conocimiento de Nuestro Señor y Salvador Jesucristo (2 P 3,18).

¿Cómo podemos ayudar a las misiones?

Podemos ayudar a las misiones por medio de la oración, donaciones y sacrificios, u ofreciéndonos voluntariamente para ayudar en un proyecto misionero.

¿Qué es la vida religiosa?

La vida religiosa es una manera especial de seguir a Jesús. Los religiosos son personas que hacen votos de castidad, obediencia y pobreza en una comunidad religiosa. [925-927]

¿Cuál es el origen de la vida religiosa?

La vida religiosa tiene sus raíces en la Sagrada Escritura, especialmente en las palabras y ejemplos de Jesús, el Divino Maestro.

Yo les aseguro que nadie que haya dejado casa, mujer, hermanos, padres o hijos por el Reino de Dios, quedará sin recibir mucho más al presente y, en el mundo futuro, vida eterna. (Lc 18,29-30).

¿Cuál es la finalidad de los votos religiosos?

Los votos religiosos se hacen para liberar la mente y el corazón del religioso de tal manera que él o ella puedan amar a Dios enteramente y servir a su pueblo con una dedicación incondicional. Esta vida es como un gusto anticipado de la manera como viviremos en el cielo. [916]

¿La vida religiosa es un sacramento?

La vida religiosa no es un sacramento. El religioso hace profesión pública de los tres votos de pobreza, castidad y obediencia a imitación de Jesús. Prometen también servir a la Iglesia por medio del trabajo apostólico particular de su congregación. Aunque no reciben un sacramento específico para ello, los religiosos deben ser signos y servidores del Reino para el resto de los fieles. [916]

¿Qué significa la castidad religiosa?

La castidad religiosa es el voto por medio del cual los religiosos dedican libremente la totalidad de sus vidas a Dios, privándose del matrimonio y de la vida de familia.

El no casado se preocupa de las cosas del Señor, de cómo agradar al Señor (1 Co 7,32).

¿Qué significa la pobreza religiosa?

La pobreza religiosa es el voto por medio del cual los religiosos se despojan de la propiedad de los bienes materiales y comparten las cosas en común, de manera que encuentren su "tesoro" en el cielo.

Si quieres ser perfecto, anda, vende lo que tienes y dáselo a los pobres, y tendrás un tesoro en los cielos; luego, ven y sígueme (Mt 19,21).

¿Qué significa la obediencia religiosa?

La obediencia religiosa es el voto por el cual los religiosos se comprometen a obedecer la regla de su congregación religiosa y a sus superiores que representan a Dios para ellos. Hacen esto para imitar la obediencia de Jesús a la voluntad de su Padre.

Mi alimento es hacer la voluntad del que me ha enviado y llevar a cabo su obra (Jn 4,34).

¿Quién es una virgen consagrada?

Una virgen consagrada es una mujer cristiana que se compromete a sí misma en una virginidad consagrada por medio del obispo diocesano. Las vírgenes consagradas dedican sus vidas a Dios, pero no viven en una comunidad religiosa. [922-924]

¿Quién es un ermitaño?

Un ermitaño es una persona dedicada totalmente a Dios en la soledad, el silencio, la oración y la penitencia. La vida de un ermitaño es una vida de abandono al misterio de Dios, de intimidad personal con Cristo y "predicación silenciosa". [920-921]

¿Qué son los institutos seculares?

Los institutos seculares son institutos de vida consagrada, cuyos miembros no viven en comunidad. Se comprometen a vivir los consejos evangélicos y a realizar obras de evangelización y de caridad, actuando como verdadera "levadura" en medio de la sociedad. [928-929]

¿Qué son las sociedades de vida apostólica?

Las sociedades de vida apostólica son congregaciones en las cuales los votos religiosos pueden ser tomados o no, pero los miembros viven como hermanos y hermanas, observando una regla de vida, viviendo una vida en común y realizando un apostolado común. [930]

¿Qué es la comunión de los santos?

La comunión de los santos es la comunicación de ayuda espiritual entre los miembros del cuerpo de Cristo (la Iglesia) en el cielo, sobre la tierra y en el purgatorio. [946]

Si vivimos, para el Señor vivimos; y si morimos, para el Señor morimos. Así que, ya vivamos ya muramos, del Señor somos. Porque Cristo murió y volvió a la vida de nuevo para eso, para ser Señor de muertos y vivos (Rm 14,8-9).

¿Qué es un santo?

Un santo es una persona que vive una vida santa y virtuosa. El nombre es generalmente aplicado a un santo "canonizado", esto es a una persona cuya santidad ha sido reconocida solemnemente por la Iglesia. [825, 828]

Les exhorto... a que ofrezcan sus cuerpos como una víctima viva, santa, agradable a Dios: tal será su culto espiritual (Rm 12,1).

¿Qué es un santo patrono?

Un santo patrono es una persona especial a quien podemos imitar y rezar para pedirle ayuda, un protector celestial, usualmente el santo cuyo nombre llevamos. [2156]

Permite que tenga dos partes de tu espíritu (2 R 2,9).

¿Qué es un mártir?

Un mártir es una persona que prefiere ser entregada a la muerte antes que negar la fe cristiana. [2463-2474]

Mientras le apedreaban, Esteban hacía esta invocación: 'Señor Jesús, recibe mi espíritu' (Hch 7,59).

¿Qué es la excomunión?

La excomunión es un castigo especificado en la ley canónica para ciertas ofensas graves. Significa que la persona está separada de la comunión con la Iglesia y no puede recibir los sacramentos. [1463]

¿Qué es el cisma?

El cisma es un separarse de la autoridad del Papa y de la unidad (unicidad) de la Iglesia. [2089]

No haya entre ustedes divisiones... ¿Está Cristo dividido? (1 Co 1,10.13).

¿Por qué es llamada María la Madre de la Iglesia?

María jugó un papel especial en el plan de salvación de Dios porque fue llamada para ser la Madre de Dios. Íntimamente unida a

Jesús, María es "el modelo de fe y caridad de la Iglesia" y es nuestra madre espiritual. [963-970]

(Jesús) dice a su madre: 'Mujer, ahí tienes a tu hijo'. Luego dice al discípulo: 'Ahí tienes a tu madre' (Jn 19,26-27).

¿Qué podemos aprender de la historia de la Iglesia?

La historia de la Iglesia muestra que Jesús está con su Iglesia, como prometió, a pesar de todas las persecuciones, y ha suscitado santos en todos los períodos para que sean imitados por el pueblo de Dios. Aunque sus miembros han pecado y con frecuencia han cometido graves errores, la Iglesia ha predicado el Evangelio y ha tratado de llevar la salvación al pueblo.

La vida eterna

¿Qué es la muerte?

La muerte es la separación de alma y cuerpo, cuando el cuerpo de un ser humano queda sin vida mientras el alma sigue viviendo. [1005]

Preferimos salir de este cuerpo para vivir con el Señor (2 Co 5,8).

¿Qué es un funeral?

Para un Católico, un funeral es el servicio litúrgico por el difunto y las ceremonias conectadas con la sepultura del cadáver. El momento central de la liturgia funeral católica es la Misa de exequias. [1680-1690]

Se siembra corrupción, resucita incorrupción... se siembra un cuerpo natural, resucita un cuerpo espiritual (1 Co 15,42.44)

¿Qué es un cementerio?

Un cementerio es un lugar para sepultar los muertos. Para los Católicos el suelo o parcela de tierra debe ser consagrado o bendecido.

¿Qué es la cremación?

La cremación es la reducción de un cuerpo humano a cenizas por medio del fuego. La Iglesia recomienda fuertemente que nuestra antigua costumbre de enterrar los muertos sea observada. Sin embargo, la cremación es permitida con tal que no haya sido escogida por razones contrarias a la enseñanza cristiana sobre la resurrección del cuerpo. [2301]

¿Qué es la falsa creencia llamada "reencarnación"?

La reencarnación es el concepto erróneo de que las almas de los difuntos regresan a la tierra en nuevas formas o cuerpos. Se le llama también "transmigración de las almas".

Vuelva el polvo a la tierra, a lo que era, y el espíritu vuelva a Dios que es quien lo dio (Qo 12,7.)

Del mismo modo que está establecido que los hombres mueran una sola vez, y luego el juicio... (Hb 9,27).

¿Qué espera a una persona después de la muerte y del juicio individual?

Después de la muerte y del juicio individual una persona puede ir al cielo por toda la eternidad, o al purgatorio temporalmente y luego al cielo, o al infierno por toda la eternidad. [1022]

Ahora vemos en un espejo, en enigma. Entonces veremos cara a cara. Ahora conozco de un modo parcial, pero entonces conoceré como soy conocido (1 Co 13,12).

¿Qué quiere decir "eterno"?

"Eterno" significa sin comienzo ni fin.

¿Qué es la eternidad?

La eternidad significa sin comienzo, ni fin ni cambio. Hablamos de la eternidad de Dios, haciendo referencia a su Ser infinito, inmutable. Nosotros vamos a participar de la vida eterna después de la muerte. Para el justo será el "descanso eterno" de los cielos. [1020, 1023]

Yo soy la resurrección y la vida. El que cree en mí, aunque muera, vivirá; y todo el que vive y cree en mí, no morirá jamás (Jn 11,25-26).

¿Qué es el juicio particular?

El juicio particular, llamado también juicio individual, es el juicio que Cristo hace de una persona inmediatamente después de la muerte. [1021]

Llevamos siempre en nuestros cuerpos por todas partes el morir de Jesús, a fin de que también la vida de Jesús se manifieste en nuestro cuerpo (2 Co 4,10).

¿Qué es la visión beatífica?

La visión beatífica es la visión clara e inmediata y la experiencia de Dios disfrutada por los ángeles y santos en el cielo. [163, 2548, 2550]

Me trasladó en espíritu a un monte grande y alto y me mostró la Ciudad Santa de Jerusalén, que bajaba del cielo, de junto a Dios, y tenía la gloria de Dios. La ciudad no necesita ni de sol ni de luna que la alumbren, porque la ilumina la gloria de Dios y su lámpara es el Cordero (Ap 21,10-11.23).

¿Quiénes son los "bienaventurados"?

Los "bienaventurados" son las almas de los difuntos que están en el cielo. El título "bienaventurado" es dado también a una persona que ha sido beatificada o declarada "bienaventurada" por la Iglesia. [1025, 1029]

Mantente fiel hasta la muerte y te daré la corona de la vida (Ap 2,10).

¿Hay algún dolor, tristeza o pecado en el cielo?

En el cielo no hay dolor, tristeza, pecado ni cualquier cosa que pueda causar infelicidad. Ni siquiera puede haber allí amenaza o temor de esas cosas.

¿Conoceremos a nuestra familia y amigos en el cielo?

Sí, y nos alegraremos con ellos en Dios.

¿Puede ser aburrida la vida en el cielo?

La vida en el cielo no puede ser aburrida porque continuamente estaremos encontrando cosas nuevas y maravillosas acerca de Dios.

¿Tendrá cada uno el mismo grado de felicidad en el cielo?

En el cielo cada uno será perfectamente feliz de acuerdo con su capacidad de felicidad. Esa capacidad será mayor para aquellos que amaron a Dios con menos egoísmo en la tierra.

¿Qué es el purgatorio?

El purgatorio es la condición de purificación después de la muerte en la que las almas que están imperfectamente preparadas para el cielo son purificadas de las consecuencias de sus pecados antes de entrar al cielo. [1030-1032]

Pero al que la diga (una palabra) contra el Espíritu Santo, no se le perdonará ni en este mundo ni en el otro (Mt 12,32).

¿Cuánto dura el purgatorio?

Después del juicio general ya no habrá más necesidad de purificación, porque el reino de Dios habrá llegado en su plenitud. [1031]

Luego vi un cielo nuevo y una tierra nueva – porque el primer cielo y la primera tierra desaparecieron y el mar no existe ya (Ap 21,1).

¿Podemos ayudar a las almas en el purgatorio?

Podemos ayudar a las almas en el purgatorio con nuestras oraciones, especialmente por medio de la Misa y con la penitencia, los actos de caridad y ganando indulgencias para ellos. [1032]

Por eso mandó hacer este sacrificio expiatorio a favor de los muertos, para que quedaran liberados del pecado (2 M 12,45).

¿Cuánto duran el cielo y el infierno?

El cielo y el infierno durarán por siempre. [1029, 1035]

Noche ya no habrá; no tienen necesidad de luz de lámpara ni de luz del sol, porque el Señor Dios los alumbrará y reinarán por los siglos de los siglos (Ap 22,5).

¿Qué es infierno?

Infierno es el sufrimiento y la separación de Dios que no tienen fin. [1033]

Apártense de mí, malditos, al fuego eterno preparado para el Diablo y sus ángeles... (Mt 25,41).

¿Quiénes son los condenados?

Los condenados son aquellos que sufren un castigo eterno en el infierno por causa de su opción libre e impenitente por el pecado mortal. [1034]

... usa de paciencia con ustedes, no queriendo que algunos perezcan, sino que todos lleguen a la conversión. El Día del Señor llegará como un ladrón (2 P 3,9-10).

¿Es Dios cruel al hacer que el infierno dure por siempre?

Dios no es cruel, sino justo, al hacer que el infierno dure por siempre. Las personas que pasarán la eternidad en el infierno habrán escogido permanecer lejos de Dios por la forma como hayan utilizado sus vidas terrenas.

¿Qué es la pena de daño?

La pena de daño es uno de los sufrimientos de quienes estén en el infierno o en el purgatorio. Es la conciencia de estar separados de nuestro Dios bueno y amoroso.

¿Qué es la pena de sentido?

La pena de sentido se refiere a los otros sufrimientos del infierno o del purgatorio.[1034]

El que le llame 'renegado' será reo de la gehenna de fuego (Mt 5,22).

¿Podemos ayudar a las almas en el infierno?

No podemos ayudar a las almas en el infierno, porque su estado está definido con justicia y por la eternidad. [1033]

¿Qué es la segunda venida?

La segunda venida se refiere al regreso de Cristo glorioso al fin del mundo, cuando recompensará a los justos y castigará a los que hayan persistido en hacer el mal. Toda la gente que alguna vez vivió será reunida para el juicio general, y el universo entero será transformado cuando el Reino de Dios sea establecido. [1038-1041]

Porque el Hijo del hombre ha de venir en la gloria de su Padre, con sus ángeles, y pagará a cada uno según su conducta (Mt 16,27). (Ver también Mt 26,64; Hch 1,11).

¿Qué es el juicio general?

El juicio general o universal, también conocido como el juicio final, tendrá lugar al fin del mundo cuando Dios revelará el destino eterno de cada uno en presencia de toda la humanidad. [678-679, 1038-1041]

Llega la hora en que todos los que estén en los sepulcros oirán su voz y saldrán los que hayan hecho el bien para una resurrección de vida, y los que hayan hecho el mal para una resurrección de juicio (Jn 5,28-29).

¿Nuestros cuerpos resucitados serán iguales a como son actualmente?

Nuestros cuerpos resucitados serán los nuestros, pero transformados. Los cuerpos de los justos estarán en un estado glorificado, lo que quiere decir que ya no tendrán necesidades físicas y estarán dotados de cualidades que no poseían cuando estaban en su existencia mortal. [990]

Los muertos resucitarán incorruptibles y nosotros seremos transformados. En efecto, es necesario que este ser corruptible se revista de incorruptibilidad; y que este ser mortal se revista de inmortalidad (1 Co 15,52-53).

¿Qué significa "cuerpo glorificado"?

El cuerpo glorificado es el cuerpo de uno que ha sido levantado de la muerte para la vida eterna en el último día. Al no estar ya sometidos al sufrimiento y a la muerte, nuestros cuerpos serán transformados en gloria. [999-1000]

Los doctos brillarán como el fulgor del firmamento, y los que enseñaron a la multitud la justicia, como las estrellas por toda la eternidad (Dn 12,3).

¿El cuerpo de alguna persona ha sido preservado de la corrupción y llevado al cielo?

Por un privilegio especial, el cuerpo de la Bienaventurada Virgen María fue preservado de la corrupción y llevado al cielo. El 1° de noviembre de 1950 el Papa Pío XII proclamó la Asunción de María como dogma de fe. Esta fiesta se celebra el 15 de agosto. [966, 974]

¿Qué sucederá en el fin del mundo?

En el fin del mundo los cuerpos de toda la gente resucitarán de la tierra para reunirse nuevamente con sus almas para siempre. Los cuerpos de los justos participarán de la gloria de las almas; los cuerpos de los condenados compartirán el castigo. [1042]

Muchos de los que duermen en el polvo de la tierra se despertarán, unos para la vida eterna, otros para el oprobio, para el horror eterno (Dn 12,2).

¿Cuándo tendrá lugar el fin del mundo?

No sabemos cuándo terminará el mundo.

Mas de aquel día y hora, nadie sabe nada, ni los ángeles de los cielos, ni el Hijo, sino sólo el Padre (Mt 24,36).

LA CELEBRACIÓN DEL MISTERIO CRISTIANO

La liturgia y los sacramentos

La liturgia

¿Qué es la liturgia?

La Liturgia es el trabajo o servicio público de Dios por medio del cual Cristo continúa la redención a través de la Iglesia. [1069]

Y el Dios de la paciencia y del consuelo les conceda tener los unos para con los otros los mismos sentimientos, según Cristo Jesús, para que unánimes, a una voz, glorifiquen al Dios y Padre de nuestro Señor Jesucristo (Rm 15,5-6).

¿Cuál es el significado de la liturgia?

Como todas las obras de Dios, la liturgia es su bendición para nosotros. Nuestra respuesta es adoración y acción de gracias. [1079]

¿Cuál es el punto focal de la liturgia?

La vida y la misión salvíficas de Cristo es la enseñanza central de nuestra fe; la liturgia de la Iglesia proclama y celebra ese mismo misterio. [1067-1068]

A mí, el menor de todos los santos, me fue concedida esta gracia: la de anunciar a los gentiles la inescrutable riqueza de Cristo, y esclarecer cómo se ha dispensado el Misterio escondido desde si-

glos en Dios, Creador de todas las cosas, para que la multiforme sabiduría de Dios sea ahora manifestada a los principados y a las Potestades en los cielos, mediante la Iglesia, conforme al previo designio eterno que realizó en Cristo Jesús, Señor nuestro (Ef 3,8-11).

¿Cómo es honrada la Trinidad en la liturgia?

En la liturgia, el Padre es adorado como Creador; el Hijo como nuestro hermano y Redentor; el Espíritu Santo como dador de todos los dones. [1077-1109]

¿Qué lugar ocupa la Palabra de Dios en la liturgia?

La Palabra de Dios habla de las "maravillas" obradas en los sacramentos y expresa nuestra respuesta de fe. Por eso la Palabra de Dios tiene un papel integral en cada acto litúrgico. [1153-1155]

Recibe de su boca la enseñanza, pon sus palabras en tu corazón (Job 22,22).

¿La música y el arte tienen un lugar en la liturgia?

La música y el arte siempre han sido usadas para realzar las liturgias al agregar belleza a la celebración y elevar los corazones y las mentes a Dios. Son mejor usadas cuando ilustran la Palabra de Dios. [1156-1162]

La Palabra de Cristo habite en ustedes con toda su riqueza; instrúyanse y amonéstense con toda sabiduría, canten agradecidos a Dios en sus corazones con salmos, himnos y cánticos inspirados (Col 3,16).

¿Qué es la Liturgia de las Horas?

La Liturgia de las Horas es la oración común, pública y oficial de la Iglesia Católica. Es rezada diariamente por los presbíteros, los religiosos y un número cada vez más numeroso de laicos. Esta forma de la liturgia, basada en los Salmos, se presenta como un complemento de la devoción Eucarística. [1174-1178]

Siempre en oración y súplica, orando en toda ocasión en el Espíritu (Ef 6,18).

¿Qué es el año litúrgico?

El año litúrgico es el nombre dado a los días y tiempos dentro del transcurso del año en los cuales la Iglesia celebra el Misterio Pascual de Cristo. Los tiempos litúrgicos son Adviento, Navidad, Cuaresma, Pascua y el Tiempo Ordinario. Los domingos y días festivos, las fiestas de María, las celebraciones de los días de los santos y otros días de fiesta iluminan el año de la Iglesia con alegría para alimentar la devoción del pueblo de Dios. [1168-1173]

Me ha enviado... para proclamar un año de gracia del Señor (Lc 4,18-19).

¿Qué son los colores litúrgicos?

Los colores litúrgicos, ordinariamente verde, morado, rojo, rosado y blanco, son colores de la vestidura exterior del presbítero, la casulla. Cada color ayuda a marcar el tono de alegría, penitencia, etc. para las fiestas y los tiempos litúrgicos particulares.

¿Qué es Adviento?

"Adviento" significa *venida.* Es el breve tiempo, aproximadamente cuatro semanas, en el que nos preparamos para Navidad y para recordar la segunda venida de Cristo al fin del tiempo.

¿Qué es Navidad?

Navidad es el día santo de precepto en el que celebramos el nacimiento de Jesús.

¿Qué es el tiempo de Navidad?

El tiempo de Navidad es el alegre período de tiempo desde Navidad hasta la celebración del bautismo de Jesús.

¿Qué es Cuaresma?

La Cuaresma es el tiempo de preparación de la Iglesia para la Pascua, en el cual se espera que los Cristianos den mayor atención a la oración, a la penitencia y a las buenas obras.

¿Qué es Pascua?

La Pascua es el día de celebración más grande de la iglesia, es el domingo especial en el cual nos regocijamos por la resurrección de Jesús de entre los muertos. [1169]

¿Qué es el tiempo de Pascua?

El tiempo de Pascua es el tiempo más alegre del año de la Iglesia – los cincuenta días desde Pascua hasta Pentecostés.

¿Qué es la Vigilia Pascual?

La Vigilia Pascual es una celebración que tiene lugar en cualquier momento durante las horas de oscuridad que preceden la salida del sol de Pascua. ("Vigilia" significa una velación nocturna). Consiste en un servicio de la luz, una Liturgia de la Palabra, una Liturgia del Bautismo y la Liturgia de la Eucaristía.

¿Qué es Pentecostés?

Pentecostés es el Domingo siete semanas después de Pascua en el cual celebramos el descenso del Espíritu Santo sobre los apóstoles y discípulos reunidos en la estancia superior. Pentecostés es considerado el "cumpleaños" de la Iglesia. [1076]

¿Qué es el Tiempo Ordinario?

El Tiempo Ordinario es el tiempo del año de la Iglesia por fuera de los tiempos de Adviento-Navidad y Cuaresma-Pascua. Una parte del tiempo ordinario cae entre el tiempo de Navidad y Cuaresma y la otra parte cae entre Pentecostés y Adviento.

Los sacramentos, acciones de Jesús

¿Qué son los sacramentos?

Los sacramentos son signos sagrados por medio de los cuales Jesús nos da a su Espíritu y nos hace santos y agradables a él por la gracia. [1116, 1131]

Toda la gente procuraba tocarle, porque salía de él una fuerza que sanaba a todos (Lc 6,19).

¿Qué es un signo sacramental?

Un signo sacramental es algo que podemos oír o ver, que nos dice algo acerca del sacramento que estamos a punto de recibir. En cada sacramento unas palabras hacen parte del signo. [1145-1155]

¿Qué significa "santo"?

Santo significa "como Dios" o "cercano a Dios". Puede significar también "separado". La santidad de Dios es la grandeza y bondad que lo sitúa aparte de todas sus creaturas. Por medio de los sacramentos Jesús hace santo a su pueblo con la gracia. La Iglesia, como también sus ceremonias, fiestas, edificios, etc., son santos porque pertenecen a Dios. [1123]

Así como el que los ha llamado es santo, así también ustedes sean santos en toda su conducta, como dice la Escritura: Serán santos, porque santo soy yo (1 P 1,15-16).

¿Qué es gracia sacramental?

Gracia sacramental es la gracia particular del Espíritu Santo que da cada sacramento, por ejemplo, la Confirmación fortalece nuestro compromiso con Cristo. Por medio de cada sacramento, el Espíritu Santo nos transforma y nos une a Cristo. [1129]

Y como cooperadores suyos (de Dios) que somos, los exhortamos a que no reciban en vano la gracia de Dios (2 Co 6,1).

¿Podemos estar seguros de que Jesús actúa a través de cada sacramento?

Jesús siempre actúa a través de los sacramentos si los recibimos con las debidas condiciones. El sacramento y su gracia nos beneficiarán de acuerdo con nuestras disposiciones o actitud – por ejemplo, el grado de nuestra fe y amor. [1127-1129, 1131]

Pues su divino poder nos ha concedido cuanto se refiere a la vida y a la piedad mediante el conocimiento perfecto del que nos ha llamado por su propia gloria y virtud (2 P 1,3).

¿Qué papel tiene el ministro del sacramento?

El ministro del sacramento actúa en el nombre de Cristo y de la Iglesia y así garantiza que Cristo actúa verdaderamente en cada sacramento. Aunque los ministros ordenados (obispo, presbítero, diácono) son los ministros ordinarios de la mayoría de los sacramentos, en el matrimonio el hombre y la mujer se administran mutuamente el sacramento. El presbítero o diácono son testigos de la acción sacramental de los esposos. Los sacramentos deben ser celebrados de acuerdo con las directivas y la intención de la Iglesia para conferir el poder del Señor. [1119-1120, 1128]

Les dijo otra vez: La paz con ustedes. Como el Padre me envió, también yo los envío (Jn 20,21).

¿Cuántos sacramentos hay?

Hay siete sacramentos: Bautismo, Confirmación, Sagrada Eucaristía, Penitencia, Unción de los enfermos, Sagradas Órdenes y Matrimonio. [1113, 1210]

Si conocieras el don de Dios, y quién es el que te dice: 'Dame de beber', tú le habrías pedido a él y él te habría dado agua viva (Jn 4,10).

¿Quién nos dio los sacramentos?

Jesús nos dio los sacramentos y sigue dando cada uno de ellos. Lo hace por medio de la Iglesia que es su Cuerpo Místico. [1114, 1117, 1120]

Lo mismo que el Padre, que vive, me ha enviado y yo vivo por el Padre, también el que me coma vivirá por mí (Jn 6,57).

¿Se puede dividir los sacramentos en grupos?

Los sacramentos pueden ser divididos en tres grupos. Bautismo, Confirmación y Eucaristía son sacramentos de iniciación, o de comienzo en la vida Cristiana. Penitencia y Unción de los Enfermos son sacramentos de curación. Las Sagradas Órdenes y el Matrimonio son sacramentos al servicio de la comunión. [1211]

¿Por qué la Iglesia recibe el nombre de Sacramento?

La Iglesia es un sacramento – un "gran sacramento" por medio del cual recibimos los otros siete. La Iglesia es un signo de que hay un Dios que se preocupa por el mundo y que nosotros somos llamados a la unión con Dios y unos con otros. Los siete sacramentos son también signos del amoroso interés de Dios por el pueblo. [738, 774-776, 1118]

Cual piedras vivas, entren en la construcción de un edificio espiritual, para un sacerdocio santo, para ofrecer sacrificios espirituales, aceptos a Dios por mediación de Jesucristo (1 P 2,5).

¿Quién celebra los sacramentos?

Los sacramentos son siempre celebraciones de la entera comunidad de Cristo, de la Iglesia universal y de la Iglesia del cielo. Por esta razón, son celebrados por la comunidad de la Iglesia, el pueblo sacerdotal, en el que el sacerdocio ordenado sirve al sacerdocio bautismal actuando en la persona de Cristo. [1120, 1140-1141]

Al que... ha hecho de nosotros un Reino de sacerdotes para su Dios y Padre, a él la gloria y el poder por los siglos de los siglos. Amén (Ap 1,6).

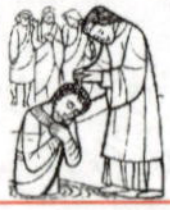

Sacramentos de la iniciación cristiana

Bautismo

¿Qué es el Bautismo?

Bautismo es el sacramento en el que Jesús nos envía a su Espíritu, que nos libera del pecado y nos da la gracia por medio de la cual nos hacemos hijos de Dios, herederos del cielo, miembros de la Iglesia y templos de la Santísima Trinidad. [1213]

Sepultados con él en el Bautismo, con él también han resucitado por la fe en la acción de Dios, que lo resucitó de entre los muertos (Col 2,12).

¿De qué pecados nos libera Jesús en el Bautismo?

En el Bautismo Jesús nos hace libres del pecado original y de todos los pecados personales que hayamos cometido antes de ser bautizados, como también de todo castigo debido por el pecado. [1263]

Bendito sea el Dios y Padre de nuestro Señor Jesucristo, quien, por su gran misericordia, mediante la Resurrección de Jesucristo de entre los muertos, nos ha reengendrado a una esperanza viva... (1 P 1,3).

¿Qué otros efectos tiene el Bautismo?

En el Bautismo recibimos la gracia santificante, las virtudes teologales o dadas-por-Dios, y los siete dones del Espíritu Santo. Nos hacemos creaturas nuevas, partícipes de la naturaleza divina, coherederos con *Cristo*, miembros de su Iglesia y templos del Espíritu Santo. [1265-1266]

Miren qué amor nos ha tenido el Padre para llamarnos hijos de Dios, pues ¡lo somos! (1 Jn 3,1).

¿Qué es el sello bautismal o carácter?

En el Bautismo, nosotros también recibimos un sello espiritual permanente llamado carácter, que nos pone aparte en cuanto pertenecemos a Jesucristo. Este carácter o sello nos habilita para tomar parte en el culto Cristiano y dar testimonio de Cristo. Otros sacramentos que confieren un sello duradero son la Confirmación y las Sagradas Órdenes. [1121, 1272-1274, 1280]

No entristezcan al Espíritu Santo de Dios, con el que fueron sellados para el día de la redención (Ef 4,30).

¿Cómo se administra el Bautismo?

El Bautismo es dado derramando agua sobre la cabeza mientras se dicen las palabras necesarias: "Yo te bautizo en el nombre del Padre, y del Hijo, y del Espíritu Santo". También se puede dar rociando la cabeza o por inmersión. [1284]

El rito del Bautismo manifiesta el significado del sacramento por medio de varios signos y símbolos. Pero la parte esencial es la pronunciación de las palabras al mismo tiempo que el agua corre sobre la cabeza. [1234-1246]

Me ha sido dado todo poder en el cielo y en la tierra. Vayan, pues, y hagan discípulos a todas las gentes bautizándolas en el nombre del Padre y del Hijo y del Espíritu Santo... (Mt 28,18-19)

¿En qué consiste el signo del Bautismo?

El signo del Bautismo consiste en el agua y las palabras. [1278]

¿Qué representan el agua y las palabras?

El agua significa la eliminación del pecado y el don de la nueva vida llamada gracia. Las palabras muestran que la persona entra en una nueva y duradera relación con nuestro Dios Trino y Uno – Padre, Hijo y Espíritu Santo. [1228, 1279]

¿Quién puede recibir el Bautismo?

Toda persona no bautizada puede recibir el Bautismo. Si la persona ha alcanzado lo que se llama la "edad de la razón" – capaz de entender – él o ella debe también desear la recepción del sacramento y tener fe y arrepentimiento del pecado, con la intención de evitar pecados futuros. [1246, 1257]

Esto es bueno y agradable a Dios, nuestro Salvador, que quiere que todos los hombres se salven y lleguen al conocimiento pleno de la verdad (1 Tm 2,3-4).

¿Quiénes son los catecúmenos?

Los catecúmenos son las personas no bautizadas que están recibiendo instrucciones para hacerse Católicos. [1247-1249]

¿Es necesario el Bautismo?

El Bautismo es necesario para la salvación de todo el que haya escuchado la Buena Nueva. Por medio del Bautismo son perdonados nuestros pecados, recibimos la vida de la gracia, somos hechos hijos de Dios y somos incorporados en Cristo y en la Iglesia. [1257]

Conviértanse y que cada uno de ustedes se haga bautizar en el nombre de Jesucristo, para remisión de sus pecados; y recibirán el don del Espíritu Santo; pues la Promesa es para ustedes y para sus hijos, y para todos los que están lejos, para cuantos llame el Señor nuestro Dios (Hch 2,38-39).

Puesto que el Bautismo es necesario para la salvación, ¿qué sucederá con esas personas que, sin culpa de su parte, no lo han recibido? ¿Podrán salvarse?

Aquellos que sin culpa de su parte no han recibido el sacramento del Bautismo se pueden salvar por medio de lo que se llama bautismo de sangre o bautismo de deseo. [1258-1260]

¿Qué es Bautismo de sangre?

Bautismo de sangre es la recepción de la gracia por parte de una persona no bautizada, porque la persona da su vida por amor a Cristo o por una virtud cristiana. [1258, 1281]

¿Qué es Bautismo de deseo?

El Bautismo de deseo es la recepción de la gracia por tener un amor perfecto de Dios o una contrición perfecta del pecado y el deseo de hacer la voluntad de Dios. En otras palabras, si la persona pudiera recibir el sacramento, habría sido bautizada. [1259-1260]

¿Cómo reciben la salvación los no Cristianos?

Todo aquel que vive una vida buena, recta, que busca la verdad, o que cumple la voluntad de Dios en cuanto le es conocida, puede salvarse. Esas personas habrían pedido el Bautismo si conociesen algo sobre él. [1260]

¿Por qué la Iglesia bautiza a los niños?

La Iglesia bautiza a los niños para que puedan renacer a la vida divina de la gracia en Cristo Jesús y llegar a ser herederos del cielo. [1250-1252]

Dando con alegría gracias al Padre que los ha hecho aptos para participar en la herencia de los santos en la luz. Él nos libró del poder de las tinieblas y nos trasladó al Reino del Hijo de su amor, en quien tenemos la redención: el perdón de los pecados (Col 1,12-14).

¿Se debe aplazar el Bautismo de los niños por largo tiempo?

Los niños deberían ser bautizados dentro de las primeras semanas después del nacimiento. Los padres católicos que lo aplazan por largo tiempo, o que descuidan enteramente el bautismo de sus hijos, los privan del inapreciable sacramento de la fe. Los padres creyentes desean que sus hijos crezcan en Cristo, como miembros de la Iglesia, libres del impedimento del pecado original. [1250]

En verdad, en verdad te digo: el que no nazca de agua y de Espíritu no puede entrar en el Reino de Dios. Lo nacido de la carne, es carne; lo nacido del Espíritu, es espíritu (Jn 3,5-6).

¿Debe un niño ser bautizado sin el permiso de uno de sus padres o de un tutor?

Un niño no debe ser bautizado sin el permiso de uno de los padres o de un tutor, excepto cuando esté en peligro de muerte. El padre o el tutor deben asegurar la educación cristiana de un niño bautizado, porque el niño es bautizado "en la fe de la Iglesia". [1257, 1282]

¿Qué sucede con los niños que mueren sin Bautismo?

La Iglesia confía a esos niños a la misericordia de Dios. Puesto que Dios quiere que todos se salven, es razonable esperar que en su misericordia él proveerá salvación y felicidad eterna para ellos. [1261]

Dejen que los niños vengan a mí, no se lo impidan, porque de los que son como ellos es el Reino de Dios (Mc 10,14).

¿Podemos ser bautizados más de una vez?

No, podemos ser bautizados solamente una vez. Por causa del sello espiritual permanente que recibimos en el Bautismo, no hay necesidad de ser rebautizado. [1272, 1280]

¿Qué es Bautismo condicional?

Bautismo condicional es el Bautismo dado bajo la condición de que pueda ser recibido (usando palabras como: "si no estás bautizado, yo te bautizo..." o "si estás vivo, yo te bautizo..."). Esto es permitido porque el Bautismo es necesario para la salvación.

¿Los convertidos tienen que ser bautizados de nuevo?

Los cristianos convertidos a la fe Católica no tienen que ser bautizados de nuevo si su primer bautismo era válido, esto es, dado con el uso del agua (hecha correr sobre la piel), juntamente con la formula del Bautismo, realizado con la intención de hacer lo que hace la Iglesia.

¿Quién puede administrar el sacramento del Bautismo?

El obispo, presbítero o diácono es el ministro ordinario del Bautismo, pero cuando una persona está en peligro de muerte cualquiera puede, y algunas veces debe, bautizarla. Sin embargo, nadie se puede bautizar a sí mismo. [1256]

En una emergencia, ¿la persona que bautiza tiene que ser católica?

En una emergencia, la persona que bautiza puede ser cualquiera – hombre, mujer o niño, católico o no católico, ateo o no creyente – con tal que él o ella administre el sacramento de manera correcta y lo haga con la intención de "hacer lo que hace la Iglesia". [1256, 1284]

¿Cómo se administra el Bautismo de emergencia?

El Bautismo de emergencia se da derramando agua normal tres veces sobre la cabeza de la persona que va a ser bautizada, diciendo mientras se la derrama: "Yo te bautizo en el nombre del Padre, y del Hijo, y del Espíritu Santo". Las palabras deben ser dichas al mismo tiempo que el agua es derramada. [1284]

¿El Bautismo administrado por un laico es tan válido como el Bautismo administrado por el sacerdote?

Sí. Cuando es correctamente administrado, el Bautismo administrado por un laico es tan válido como el Bautismo administrado por un sacerdote. [1256]

¿Qué es el vestido bautismal?

El vestido bautismal es la prenda blanca dada al recién bautizado como símbolo de gracia y de inocencia. [1243]

En efecto, todos los bautizados en Cristo se han revestido de Cristo (Ga 3,27).

¿Qué es el agua bautismal?

El agua bautismal es el agua previamente bendecida para usarla en el Bautismo, pero, en caso de emergencia, cualquier agua puede ser usada. [1238]

¿Qué representa el cirio?

El cirio representa a Cristo que ha iluminado al recién bautizado. Por medio de los cristianos Cristo es la luz del mundo. [1243]

Ustedes son la luz del mundo. No puede ocultarse una ciudad situada en la cima de un Monte (Mt 5,14).

¿Qué es un bautisterio?

Un bautisterio es la parte de la Iglesia (o un edificio aparte) en el que tiene lugar el Bautismo. El sitio contiene la fuente bautismal, donde uno es bautizado.

¿Qué es el crisma?

El crisma es una mezcla bendita de aceite y alguna sustancia aromática usada durante la ceremonia bautismal, en la Confirmación, durante la ordenación de obispos y presbíteros, y en la consagración de iglesias, altares, etc. Representa la unción del Espíritu Santo. [1241]

¿Qué son las promesas bautismales?

Las promesas bautismales son una renovación de nuestro compromiso bautismal. Prometemos renunciar al demonio, a sus atractivos o tentaciones, y vivir de acuerdo con la enseñanza de Cristo y de su Iglesia. Esas promesas son renovadas cada año en la Vigilia Pascual. [1237, 1254]

Pero gracias a Dios, ustedes, que eran esclavos del pecado, han obedecido de corazón a aquel modelo de doctrina al que fueron entregados, y liberados del pecado, se han hecho esclavos de la justicia (Rm 6, 17-18).

¿Qué es un padrino?

Un padrino sirve como representante de la comunidad de fe. En un Bautismo ordinario debe haber por lo menos uno. [1255]

¿Cuál es el papel de los padrinos?

Los padrinos son para ayudar y apoyar a los padres en la misión de dar al niño una adecuada formación en la fe. Los padrinos deben ser buenos católicos. [1255]

¿Puede un adulto ser bautizado sin padrino?

Un adulto no debe ser bautizado sin un padrino, porque el padrino ayuda a la persona a prepararse bien para el Bautismo y después le ayuda a perseverar en la fe y en la vida cristiana. Ésta es una costumbre muy antigua en la Iglesia Católica. [1255]

¿Qué exige la Iglesia de un padrino?

La Iglesia exige que el padrino sea suficientemente maduro para asumir la responsabilidad; que él o ella sea un miembro de la Iglesia Católica, y haya realmente recibido el Bautismo, la Confirmación y la Eucaristía.

¿Un no católico puede actuar como padrino?

Si el no católico es cristiano bautizado y creyente, él o ella puede actuar como un testigo cristiano, si esto es solicitado por los padres. Sin embargo, debe estar presente también un padrino católico. (Se deben seguir las normas para los varios casos ecuménicos). [1255]

¿Qué hace un padrino en el Bautismo?

Un padrino da testimonio de la fe de quien es bautizado, o en el caso de un niño, él o ella profesa la fe de la Iglesia juntamente con los padres del niño. [1253]

¿Qué es un nombre cristiano?

Un nombre cristiano es el nombre recibido en el Bautismo. Se suele dar el nombre de un santo, de manera que el nuevo cristiano tenga un patrono en el cielo para imitarlo y pedirle ayuda. El *Catecismo de la Iglesia Católica* afirma: "El nombre es la imagen de la persona. Exige respeto en señal de la dignidad del que lo lleva". [2156-2159]

Al vencedor le daré... una piedrecita blanca, y, gravado en la piedrecita, un nombre nuevo que nadie conoce sino el que lo recibe (Ap 2,17).

¿Qué significa la palabra "cristianización"?

"Cristianización" es otro nombre para el Bautismo. Significa "hacer como Cristo".

¿Qué virtudes recibimos en el Bautismo?

En el Bautismo recibimos las virtudes teologales y las virtudes cardinales. [1266]

Confirmación

¿Qué es Confirmación?

Confirmación es el sacramento en el que el Espíritu Santo viene a nosotros de una manera especial para unirnos más estrechamente con Jesús y su Iglesia y sellarnos y fortalecernos como testigos de Cristo. Es el complemento de la gracia bautismal. [1285, 1316]

Cuando venga el Paráclito, que yo les enviaré de junto al Padre, el Espíritu de la verdad, que procede del Padre, él dará testimonio de mí. Pero también ustedes darán testimonio... (Jn 15,26-27) (Ver también Hch 2,4; 8,14-17)

¿Quién es el ministro de la Confirmación?

En el Rito Latino, el obispo es el ministro ordinario de la Confirmación, pero los presbíteros pueden confirmar en ciertas circunstancias cuando son autorizados por el obispo. En la Iglesia oriental, el presbítero administra de manera ordinaria la Confirmación al mismo tiempo que el Bautismo. Usa el sagrado crisma consagrado por el obispo para manifestar la conexión de este sacramento con la misión apostólica. [1299, 1312-1313]

Porque aquel a quien Dios ha enviado habla las palabras de Dios, porque da al Espíritu sin medida (Jn 3,34).

¿Qué quiere decir "confirmar"?

Confirmar significa consolidar. En la Confirmación nuestra fe es profundizada y consolidada, y por medio de este sacramento somos vinculados más perfectamente a Cristo y a su Iglesia. [1285]

En él (Cristo) también ustedes, tras haber oído la palabra de la verdad, el Evangelio de su salvación, y creído en él, fueron sellados con el Espíritu Santo de la Promesa, que es prenda de nuestra herencia, para redención del Pueblo de su posesión, para alabanza de su gloria (Ef 1,13-14).

¿Cómo se administra la Confirmación?

En el Rito Latino, el obispo extiende sus manos sobre la persona y le unge la cabeza en forma de cruz mientras dice: "Recibe por esta señal el Don del Espíritu Santo". La persona que es confirmada responde: "Amén", que significa, "Así es". El Don es el Espíritu Santo, quien es el Don del Padre y del Hijo para nosotros. [1299-1301]

Entonces les imponían las manos y recibían al Espíritu Santo (Hch 8,17).

¿En qué consiste el signo de la Confirmación?

El signo de la Confirmación consiste en la unción y las palabras. [1293]

¿Qué nos dice la acción de confirmar acerca del sacramento?

En la acción de confirmar, la unción muestra que se está recibiendo la fuerza y el poder del Espíritu Santo. Esta unción es un signo de nuestra consagración a Jesucristo. [1294, 1305]

¿Qué queremos decir con "unción"?

"Unción" significa "marcar con aceite". El aceite bendito que se usa es llamado crisma que significa fuerza espiritual. La sustancia aromática de olor agradable que contiene significa la liberación del pecado y la propagación de la bondad. [1293-1294, 1297]

Nosotros somos para Dios el buen olor de Cristo entre los que se salvan y entre los que se pierden: para los unos, olor que de la muerte lleva a la muerte; para los otros, olor que de la vida lleva a la vida (2 Co 2,15-16).

¿Qué significan las palabras?

Las palabras significan que estamos recibiendo al Espíritu Santo de una manera especial, y que estamos siendo sellados o marcados como testigos de Cristo. [1300]

Es Dios el que nos conforta juntamente con ustedes en Cristo y el que nos ungió y el que nos marcó con su sello y nos dio en arras al Espíritu en nuestros corazones (2 Co 1,21-22).

¿Cuáles son los efectos de la Confirmación?

Los Católicos confirmados han llegado a ser miembros de pleno derecho de la Iglesia. Recibieron la fuerza espiritual y gracias especiales para ayudarlos a dar mejor testimonio de Cristo. El confirmado ha crecido también en las gracias y dones que recibió primero en el Bautismo. Esto es indicado durante la ceremonia de la Confirmación cuando el Espíritu Santo es invocado para que venga con sus siete dones. [1303]

Éstos bajaron y oraron por ellos para que recibieran al Espíritu Santo; pues todavía no había descendido sobre ninguno de ellos; únicamente habían sido bautizados en el nombre del Señor Jesús (Hch 8,15-16).

Los Siete dones del Espíritu Santo

1. Sabiduría.
2. Entendimiento.
3. Ciencia.
4. Consejo.
5. Fortaleza.
6. Piedad.
7. Temor de Dios.

Oración al Espíritu Santo

Ven, Espíritu Divino, manda tu luz desde el cielo.
Padre amoroso del pobre; don, en tus dones espléndido;
luz que penetra las almas; fuente del mayor consuelo.

Ven, dulce huésped del alma, descanso de nuestro esfuerzo,
tregua en el duro trabajo, brisa en las horas de fuego,
gozo que enjuga las lágrimas y reconforta en los duelos.
Entra hasta el fondo del alma, divina luz y enriquécenos.

Mira el vacío del hombre, si tú le faltas por dentro;
mira el poder del pecado, cuando no envías tu aliento.

Riega la tierra en sequía, sana el corazón enfermo,
lava las manchas, infunde calor de vida en el hielo,
doma el espíritu indómito, guía al que tuerce el sendero.

Reparte tus siete dones, según la fe de tus siervos;
por tu bondad y tu gracia, dale al esfuerzo su mérito;
salva al que busca salvarse y danos tu gozo eterno. Amén.

¿Cuáles son los deberes de los católicos confirmados?

Los Católicos confirmados deben continuar aprendiendo lo referente a su fe. Deben vivirla, amarla, defenderla y compartirla como testigos de Cristo. [1303]

¿Qué queremos decir cuando afirmamos que un cristiano es sellado como testigo de Cristo?

En la Confirmación un cristiano recibe un segundo sello espiritual que permanece para siempre. El primer sello espiritual permanente fue recibido en el Bautismo; la Confirmación sella nuestro compromiso público con Cristo iniciado en el Bautismo. Ese sello es llamado *carácter.* [1304-1305, 1317]

Yo voy a enviar sobre ustedes la Promesa de mi Padre. Por su parte permanezcan en la ciudad hasta que sean revestidos de poder desde lo alto (Lc 24,49).

¿La Confirmación es necesaria para la salvación?

La Confirmación no es absolutamente necesaria para la salvación, pero sería gravemente errado omitir este sacramento porque él profundiza la gracia bautismal y aporta una abundante efusión del Espíritu Santo. Bautismo, Confirmación y Sagrada Eucaristía de tal manera se complementan uno al otro que los tres juntos son requeridos para una completa iniciación cristiana. [1306]

¿Quién puede recibir la Confirmación?

Todo bautizado católico que no haya sido confirmado puede recibir la Confirmación. La Iglesia urge a los Católicos para que estudien bien su fe antes de recibir la Confirmación, porque de un Católico confirmado se espera que viva a fondo su fe. [1306]

¿Hay alguna edad preferible para ser confirmado?

En la tradición Latina la persona que va a ser confirmada debe haber alcanzado la edad de la discreción. Sin embargo, puesto que la Confirmación es un don gratuito, no se necesita ninguna edad específica para recibirla. En la Iglesia Oriental, se da la Confirmación a los niños inmediatamente después del Bautismo. [1307-1308]

¿Un moribundo puede recibir la Confirmación?

Cualquier sacerdote puede dar la Confirmación a una persona moribunda de manera que él o ella habrán recibido la plenitud de Cristo. [1307, 1314]

¿Cómo debe prepararse un católico para la Confirmación?

Un Católico se debe preparar para la Confirmación estudiando la fe católica, orando y dando testimonio de Cristo. El candidato debe estar en estado de gracia y tener las mismas intenciones que la Iglesia. [1309-1310]

Todos ellos perseveraban en la oración con un mismo espíritu... (Hch 1,14).

¿Cuál es la finalidad de un padrino de Confirmación?

Un padrino de Confirmación tiene los mismos deberes que un padrino de bautismo. La Iglesia sugiere que el padrino de bautismo sea también el padrino de Confirmación, sin embargo se puede escoger otro padrino. Un padrino debe ser un buen Católico, que ya haya sido confirmado. [1311]

¿Se toma otro nombre de santo en la Confirmación?

Un Católico puede tomar otro nombre de santo en la Confirmación si así lo desea.

Eucaristía

¿De qué manera permanece Jesús con nosotros?

Jesús permanece con nosotros en su Iglesia, en su Palabra, en los siete sacramentos, en la comunidad cristiana, en los necesitados y de otras maneras, pero muy especialmente en la Sagrada Eucaristía. [1373]

¿Qué es la Sagrada Eucaristía?

La Sagrada Eucaristía es un sacramento, un sacrificio y la presencia permanente del mismo Jesús, Dios y hombre. Él está verdadera y completamente presente bajo las apariencias de pan y vino, para hacernos más semejantes a él y unirnos unos con otros.

Yo soy el pan de vida (Jn 6,35a).

¿Por qué nos dio Jesús la Sagrada Eucaristía?

Jesús nos dio la Sagrada Eucaristía porque quería estar cercano a sus seguidores hasta el fin del tiempo para enseñarnos, confortarnos, fortalecernos y hacernos santos. [1323]

El que venga a mí, no tendrá hambre, y el que crea en mí, no tendrá nunca sed (Jn 6,35b).

¿En qué se diferencia la Eucaristía de los otros sacramentos?

La Eucaristía es diferente de todos los otros sacramentos porque bajo las apariencias de pan y vino Jesucristo está completamente presente como Dios y como hombre. Ella *es* su Cuerpo y su Sangre. En los otros sacramentos, él está presente solamente por su poder y sus efectos.

Yo soy el pan vivo, bajado del cielo. Si uno come de este pan, vivirá para siempre; y el pan que yo le voy a dar, es mi carne por la vida del mundo (Jn 6,51).

¿Es importante la Eucaristía?

Sí, la Eucaristía tiene grandísima importancia. Ella es “el compendio y la suma de nuestra fe”. [1327-1328]

¿Qué nos enseñan las palabras de la consagración?

Las palabras de la consagración pronunciadas en la Misa – “Esto es mi Cuerpo que será entregado por ustedes...”; “Éste es el cáliz de mi Sangre... será derramada por ustedes...” – nos enseñan que la Eucaristía es el Cuerpo y la Sangre de Cristo, y que Cristo es ofrecido en sacrificio. [1313]

La copa de bendición que bendecimos ¿no es acaso comunión con la sangre de Cristo? Y el pan que partimos ¿no es comunión con el cuerpo de Cristo? (1 Co 10,16).

¿Qué es la transubstanciación?

La transubstanciación es el cambio de toda la sustancia de pan y de vino en el Cuerpo y la Sangre de Cristo. Esto se realiza en la Misa, en el momento de la consagración. [1373-1377, 1413]

¿Por qué la Eucaristía se ve y se saborea como pan y vino?

Aunque las palabras de la consagración cambian toda la sustancia del pan y el vino en el Cuerpo y la Sangre del Señor, la Eucaristía se sigue viendo y saboreando como pan y vino para poner a prueba nuestra fe. El cambio es en la sustancia (lo que realmente es); sin embargo, los accidentes (lo que se ve y se saborea) permanecen iguales. Decimos correctamente que es Jesús bajo la *apariencia* de pan y vino. Jesús quiso velar su Presencia Real y venir a nosotros en una forma que fuese familiar a nosotros, como alimento. [1333-1336, 1374, 1392, 1404]

Quien coma el pan o beba la copa del Señor indignamente, será reo del Cuerpo y de la Sangre del Señor (1 Co 11,27).

¿Cómo podemos tener certeza de que esa transubstanciación realmente se realiza?

No hay manera de poder probar que la transubstanciación se realiza efectivamente en la Misa. Sabemos que es verdad porque Jesús así lo dijo. Nuestra fe es en él. Como Hijo de Dios él no habría enfatizado algo en su enseñanza que no fuese verdad (Ver Jn 6,51-58). Como Dios que creó el universo entero de la nada, puede ciertamente cambiar la naturaleza de algo que él creó. [1375]

Si Jesús está presente bajo las especies de pan y vino, ¿por qué ordinariamente sólo recibimos la hostia?

Aunque Jesús está presente bajo las dos especies, el sacramento es dado con frecuencia solamente bajo la forma de pan (la Hostia) por razones prácticas, tales como el temor de derramar la Preciosa Sangre, o por la molestia de la gente al compartir una copa con muchas otras personas. Es importante recordar que el Señor está presente bajo ambas especies. No nos privamos de su presencia por recibirlo solamente bajo una forma. Sin embargo, es más perfecto recibir la Eucaristía bajo ambas especies porque así es más clara y completamente un signo de comunión. [1390]

¿Qué es *Corpus Christi*?

Corpus Christi es la expresión Latina para *Cuerpo de Cristo.* Es también un día de fiesta que la Iglesia dedica a alabar y agradecer de una manera especial por la Sagrada Eucaristía; se celebraba el jueves de la segunda semana después de Pentecostés, pero en muchos países se celebra actualmente el segundo domingo después de Pentecostés (en Colombia).

¿Qué es la Misa o Celebración Eucarística?

La Misa o Celebración Eucarística es:

- el sacrificio de la cruz que se actualiza hoy sobre nuestros altares;
- el memorial de la muerte, resurrección y ascensión de Jesús;

- un banquete sagrado en el que el alimento que recibimos es el mismo Jesús. [1329-1330]

¿Qué significa la palabra "Eucaristía"?

La palabra *Eucaristía,* que usamos para hablar de Cristo plenamente presente bajo las apariencias de pan y vino, significa "acción de gracias". [1328]

El Señor Jesús, la noche en que fue entregado, tomó pan, y después de dar gracias, lo partió y dijo: "Éste es mi cuerpo que se da por ustedes ... (1 Co 11,23).

¿Por qué llamamos "Misa" la Celebración Eucarística?

La palabra "Misa" viene de la palabra Latina *missa* que significa "enviada" *("missio").* Al final de cada Misa somos enviados con una comisión: "Vayan en paz para amar y servir a Dios y unos a otros". [1332]

¿Qué otros nombres tiene la Misa?

Otros nombres para la Misa son: Cena del Señor, asamblea Eucarística, el memorial de la Pasión y Resurrección del Señor, el santo Sacrificio, la Liturgia, la Celebración Eucarística, Sacrificio Eucarístico y Fracción del Pan. Liturgia significa "servicio". [1328-1332]

¿Cómo puede estar presente Jesús en tantísimas Misas a la vez?

Jesús está verdaderamente presente en cada Misa en el mundo entero porque cada sacerdote tiene el poder de consagrar la Eucaristía. El Cuerpo y la Sangre de Cristo están presentes de una manera que no está sujeta a las condiciones de espacio y tiempo. (Recordemos que él está glorioso y resucitado y por tanto fuera de las leyes de nuestro mundo material. N. del T.) Jesús desea hacerse él mismo accesible a todos nosotros, de acuerdo con su profecía:

Y yo cuando sea levantado de la tierra,, atraeré a todos hacia mí (Jn 12,32).

¿Cuándo se celebró por primera vez la Eucaristía?

Jesús celebró la primera Eucaristía en la Última Cena el Jueves Santo por la tarde, la noche antes de morir. [1339]

Tomó luego pan, y, dadas las gracias, lo partió y se lo dio diciendo: "Éste es mi cuerpo que es entregado por ustedes; hagan esto en recuerdo mío". De igual modo, después de cenar la copa, diciendo: "Esta copa es la Nueva Alianza en mi sangre, que es derramada por ustedes" (Lc 22,19-20).

¿Quiénes estaban presentes en la primera Celebración Eucarística?

Los apóstoles estaban presentes en la primera Celebración Eucarística. [1340]

Cuando llegó la hora, se puso a la mesa con los Apóstoles (Lc 22,14).

¿De qué manera renueva Cristo el sacrificio de la cruz?

Para nosotros, Cristo renueva el sacrificio de la cruz de una manera incruenta en la Misa. [1337, 1367]

Está siempre vivo para interceder en su favor (Hb 7,25).

¿Por qué renueva Cristo su sacrificio hoy?

Cristo renueva hoy su sacrificio para nosotros y para nuestro mundo de tal manera que pueda permanecer con nosotros a través de la historia, y que por él, con él y en él nosotros podamos adorar y dar gracias al Padre y pedir su perdón y su ayuda. [1341-1344, 1356-1358]

¡Cuánto más la sangre de Cristo, que por el Espíritu Eterno se ofreció a sí mismo sin tacha a Dios, purificará de las obras muertas nuestra conciencia para rendir culto a Dios vivo! (Hb 9,14).

¿Por qué llamamos a Jesús el Cordero de Dios en cada Celebración Eucarística?

Jesús es llamado el Cordero de Dios porque fue sacrificado como el Cordero Pascual, y su Misterio Pascual nos salvó de la esclavitud del pecado. [608]

Nuestro Cordero Pascual Cristo ha sido inmolado (1 Co 5,7). (Ver también Is 53,7; Jn 1,36; Ap 5,12).

¿Cuáles son los fines principales de la Misa?

Por medio de la Misa, la Iglesia ofrece alabanza, adoración y acción de gracias a Dios Padre. Como memorial del sacrificio de Cristo, la Misa es ofrecida en reparación por los pecados y en ella pedimos a Dios ayuda para nosotros mismos y para otros. [1358, 1407, 1414]

¿Qué papeles desempeñan en la Misa el sacerdote y el pueblo?

Todo el pueblo reunido en la asamblea Eucarística participa en la Misa, de acuerdo con sus funciones propias. El sacerdote preside la celebración. Sólo él actúa en la persona de Cristo Cabeza, quien es siempre el Sumo Sacerdote invisible. [1348]

Teniendo, pues, tal Sumo Sacerdote que penetró los cielos – Jesús, el Hijo de Dios – mantengamos firmes la fe que profesamos (Hb 4,14).

¿Cuáles son las oraciones presidenciales en la Misa?

Hay oraciones que solamente pueden ser dichas por el sacerdote como presidente, por ejemplo, la Plegaria Eucarística.

¿Cuáles son los frutos de la participación en la Misa con atención y amor?

La Eucaristía edifica la Iglesia en unidad y amor, haciéndonos más íntimamente cercanos en Cristo. Nos ayuda a crecer en el amor a Dios y al prójimo, especialmente al pobre. Por medio de ella crecemos espiritualmente, somos fortalecidos para evitar el pecado, y obtenemos gracias y bendiciones. También recibimos un anticipo de la gloria futura en la vida eterna. [1391-1405]

¿Por qué es tan importante la Misa?

En la Misa, Jesús mismo se hace presente y ora por nosotros al Padre. [1324]

¿Los católicos están obligados a participar en la Misa?

A causa de la importancia de la Misa, la Iglesia nos obliga a participar en la Misa los Domingos y los días festivos de guarda. (Para una lista de los días de precepto en Colombia, ver página 225). [1389]

¿Puede alguna vez un católico dejar de ir a la Misa?

Ningún Católico puede dejar de ir a la Misa por ninguna razón. Inclusive las personas que no pueden recibir la Sagrada Comunión (por ejemplo, a causa de un nuevo matrimonio después de un divorcio) deben participar en la Misa para cumplir su deber de adorar a Dios y de pedirle ayuda y misericordia.

La celebración de la Eucaristía

¿Cuál es el rito introductorio de la Misa?

El rito introductorio de la Misa incluye el canto de entrada, el saludo al pueblo, el rito penitencial o el rito de bendición y aspersión del agua bendita, el "Señor, ten piedad", "Gloria a Dios" y la oración de apertura. El rito introductorio prepara la comunidad de fe para escuchar la Palabra de Dios y participar en la Eucaristía.

¿Qué es el rito penitencial de la Misa?

En el rito penitencial de la Misa recordamos nuestros pecados y pedimos a Dios que tenga misericordia de nosotros, de tal manera que podamos disponernos mejor para celebrar la Eucaristía. [1393-1395]

¿Qué es el rito de bendición y aspersión del agua bendita en la Misa?

El rito de bendición y aspersión del agua bendita se puede usar en la Misa en lugar del rito penitencial. Nos recuerda nuestro Bautismo.

¿Qué es la liturgia de la Palabra?

La Liturgia de la Palabra incluye lecturas de la Escritura, salmo responsorial, aleluya o aclamación al Evangelio, homilía, profesión de fe y oración universal u oración de los fieles. [1346, 1349]

¿Qué es el salmo responsorial?

El salmo responsorial es un salmo rezado por la asamblea cultual como respuesta a la primera lectura durante la Liturgia de la Palabra.

¿Qué es la homilía?

En la homilía, el sacerdote o diácono explica la Palabra de Dios que se acaba de proclamar. [1349]

Al recibir la Palabra de Dios que les predicamos, la acogieron, no como palabra de hombre, sino cual es en verdad, como palabra de Dios, que permanece operante en ustedes, los creyentes (1 Ts 2,13).

¿Qué es la profesión de fe proclamada en la Misa?

En los Domingos y días festivos, la profesión de fe o Credo es dicho por los fieles para expresar que creen en la verdad de nuestra fe Católica y en la palabra de Dios proclamada en las lecturas.

¿Qué es la oración de los fieles u oración universal?

La oración de los fieles u oración universal es una oración especial por medio de la cual los fieles actúan como pueblo sacerdotal e interceden, o piden la ayuda de Dios, por las necesidades de la Iglesia y del mundo. [1349]

Ante todo recomiendo que se hagan plegarias, oraciones, súplicas y acciones de gracias por todos los hombres; por los reyes y todos los constituidos en autoridad, para que podamos vivir una vida tranquila y apacible con toda piedad y dignidad (1 Tm 2,1-2).

¿Qué es la Liturgia de la Eucaristía?

La Liturgia de la Eucaristía viene después de la Liturgia de la Palabra, y juntas forman un único gran acto de adoración. Dentro de la Plegaria Eucarística, nuestros dones de pan y vino se convierten en el Cuerpo y la Sangre de Cristo, ofrecidos en sacrificio a Dios. En la Comunión, recibimos a Jesús como signo de nuestra unidad con Cristo y los otros. [1346]

¿Qué es la preparación del altar y la presentación de las ofrendas?

Durante este rito el altar es preparado, los dones de pan y vino son traídos a él y luego ofrecidos a Dios, y el sacerdote se lava sus manos y ora para ser purificado de pecado. [1350]

Ofrezcamos sin cesar, por medio de él, a Dios un sacrificio de alabanza, es decir, el fruto de los labios que celebran su nombre (Hb 13,15).

¿Qué es el prefacio de la Misa?

El prefacio de la Misa es una oración de alabanza y agradecimiento a Dios nuestro Padre por la obra de la salvación o por algún aspecto particular de su amor salvífico. En cada Misa el prefacio termina con la aclamación "Santo, Santo, Santo", un himno maravilloso en el cual el sacerdote y el pueblo, unidos a los ángeles, alaban a Dios. [1352]

¿Qué es la plegaria eucarística?

La Plegaria Eucarística es un himno de accion de Gracias a Dios por su obra de salvación. Dentro de esta gran oración, el pan y el vino son cambiados en el Cuerpo y Sangre de Cristo. [1352-1353]

¿Qué es la consagración de la Misa?

Durante la consagración las palabras del sacerdote – "Esto es mi Cuerpo"; "Ésta es mi Sangre" – cambian pan y vino en el Cuerpo y la Sangre de Cristo. Todos los presentes adoran la Presencia Real del Señor. [1353]

¿Qué es la aclamación del memorial?

En la aclamación del memorial, el sacerdote nos invita: "Éste es el sacramento de nuestra fe" y respondemos: "Anunciamos tu muerte, proclamamos tu resurrección. Ven, Señor Jesús" u otra aclamación similar. [1354]

¿Qué son las intercesiones después de la aclamación?

Las intercesiones que vienen después de la aclamación del memorial son ofrecidas por toda la Iglesia, vivos y muertos, y por los pastores de la Iglesia, el Papa, el obispo, sacerdotes y diáconos. Esas intercesiones nos unen con la Iglesia universal. [1354]

¿Qué es la doxología final?

La doxología final es un tributo de alabanza a nuestro Dios Trino y Uno proclamada por Cristo, con él y en él. Esto concluye la Plegaria Eucarística; sigue el rito de comunión.

¿Qué es el rito de comunión?

El rito de Comunión incluye la Oración del Señor, el rito de la paz, la fracción del pan, el Cordero de Dios, la Comunión del sacerdote y del pueblo, y la oración después de la Comunión. [1355]

¿Qué es el rito de la paz?

El rito de la paz expresa el amor y la paz que los miembros de la asamblea se dan mutuamente en la Misa antes de compartir el Cuerpo y la Sangre de Cristo.

¿Qué es la fracción del pan?

En la fracción del pan el sacerdote parte la Hostia como un signo de que en la Comunión nos hacemos uno en el Cuerpo y la Sangre de Cristo.

¿Qué es sagrada comunión?

Sagrada Comunión es el Jesús Eucarístico real a quien recibimos en la Misa. [1382, 1384]

Si no comen la carne del Hijo del hombre, y no beben su sangre, no tienen vida en ustedes (Jn 6,53).

¿Qué es el rito de conclusión de la Misa?

El rito de conclusión de la Misa es la bendición del sacerdote y la despedida del pueblo, invitándolo a realizar buenas obras y a dar gloria a Dios.

Recepción de la Eucaristía

¿Por qué viene Jesús a nosotros en la Eucaristía?

Jesús viene a nosotros en la Eucaristía para darnos energía espiritual que nos permita continuar llevando buena vida cristiana. [1391-1392]

Lo mismo que el Padre, que vive, me ha enviado y yo vivo por el Padre, también el que me coma vivirá por mí (Jn 6,57).

¿Necesitamos la ayuda de la Eucaristía?

La Eucaristía nos fortifica y sostiene. Las tentaciones y las dificultades nos pueden "desgastar" en el espíritu. La comunión nos ayuda a ir adelante con nueva fuerza y coraje. Al recibir la Eucaristía, nos unimos más a Cristo y crecemos también en amor hacia todo el pueblo de Dios. La Eucaristía une más estrechamente a toda la Iglesia, porque por medio de ella cada miembro crece en gracia y supera el pecado. [1393-1398]

¿Cómo debemos prepararnos para recibir la Sagrada Eucaristía?

Necesitamos creer que Jesús está realmente presente en la Sagrada Eucaristía, estar libres de pecado grave y observar el ayuno antes de recibir la Sagrada Comunión. Además, debemos desear esta unión con Cristo y tratar de crecer en nuestro amor a Dios y a los demás. [1385-1387]

Señor, no soy digno de que entres bajo mi techo; basta que lo digas de palabra y mi criado quedará sano (Mt 8,8).

¿Cuánto tiempo hay que privarse de comer antes de recibir la Sagrada Comunión?

La Iglesia exige una hora de privación de todo alimento sólido o líquido, alcohólico o no alcohólico (con la excepción del agua, que puede ser tomada en cualquier momento, y las medicinas).

¿Hay algunas excepciones al ayuno eucarístico?

Los ancianos y los enfermos, así como los que cuidan de ellos, solamente necesitan ayunar 15 minutos antes de recibir la Comunión.

¿Cómo se debe recibir la Eucaristía?

Una persona debe recibir la Eucaristía con fe, reverencia y amor. Mostramos nuestra fe al responder "Amén" cuando el sacerdote, diácono o ministro laico ha dicho, "El Cuerpo de Cristo". Mostramos nuestra reverencia con la manera respetuosa de recibir la Comunión. Mostramos nuestro amor con una unión orante con Jesús y llevando su amor a nuestras acciones diarias. [1378, 1387]

¿Cuáles son los derechos y privilegios de los católicos que han hecho su primera comunión?

Los Católicos que han hecho su Primera Comunión llegaron a ser miembros activos de la asamblea cultual. Pueden recibir la Comunión frecuentemente – incluso todos los días – con tal que estén debidamente dispuestos. [1388]

¿Cuáles son los deberes y responsabilidades de los Católicos que han hecho su primera comunión?

Los Católicos que han hecho su Primera Comunión deben participar en la Misa cada Domingo (o Sábado por la tarde) y recibir la

Comunión al menos una vez al año (ordinariamente, en Colombia, entre el primer día de Cuaresma y el 16 de julio, memoria de la Virgen del Carmen). Esto es conocido como el precepto Pascual. Por una buena razón, el precepto puede ser cumplido en cualquier otro tiempo durante el año. [1389]

¿Un no católico puede recibir la comunión?

Puesto que la Eucaristía es el primer signo de nuestra unidad en Cristo, recibir la Comunión es dar testimonio de la unidad de fe y de culto. La Iglesia Católica no puede invitar a los no católicos a recibir la Comunión porque ellos no comparten la misma fe. Sin embargo, en ciertas circunstancias el obispo puede permitir que algunos otros cristianos reciban la Comunión si ellos verdaderamente creen en lo que los católicos creen acerca del sacramento y lo piden sinceramente. [1398-1401]

¿Qué es viático?

Viático es la Comunión dada a una persona en peligro de muerte. Debe ser dada cuando el enfermo está totalmente consciente. [1517]

Jesús permanece en el tabernáculo

¿Permanece la Eucaristía en el templo después de la Misa?

La Eucaristía permanece en el templo después de la Misa, en el santuario en forma de caja llamado tabernáculo. [1379]

¿Cómo debemos mostrar nuestro amor y gratitud a Jesús por permanecer en el tabernáculo?

Podemos hacer eso visitando frecuentemente la iglesia, siendo respetuosos y orantes, participando con frecuencia en la Celebración Eucarística y asistiendo a las devociones parroquiales. [1374]

¿Qué es una lámpara del sagrario?

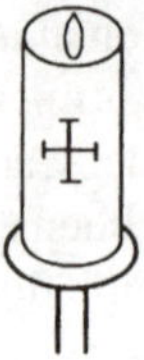

Una lámpara del sagrario es una vela que continuamente arde cerca del tabernáculo donde se guarda el Santísimo Sacramento.

¿Es benéfica la oración delante del Santísimo Sacramento?

La oración delante del Santísimo Sacramento aporta gran consuelo y fortaleza, porque en la Eucaristía Jesús está totalmente presente. Está allí para escucharnos y ayudarnos. [1380-1381, 1418]

Sabiendo Jesús que había llegado su hora de pasar de este mundo al Padre, habiendo amado a los suyos que estaban en el mundo, los amó hasta el extremo (Jn 13,1).

¿Qué es la bendición eucarística?

La Bendición Eucarística es la ceremonia en la que el sacerdote bendice al pueblo con la Hostia consagrada colocada en el vaso sagrado llamado custodia. La custodia tiene una ventana redonda que hace visible la Hostia para la adoración de la comunidad.

¿Cómo reverenciamos al Santísimo Sacramento?

Mostramos reverencia al Santísimo Sacramento sea por medio de la genuflexión (doblando la rodilla derecha hasta el piso), sea por una profunda inclinación. Estos signos de reverencia se hacen al llegar a su sitio en la iglesia y al pasar por delante del Santísimo Sacramento.

Los diez mandamientos de la Ley de Dios

1. *Amarás a Dios sobre todas las cosas.*
2. *No tomarás el nombre de Dios en vano.*
3. *Santificarás el día del Señor.*
4. *Honrarás a tu padre y a tu madre.*
5. *No matarás.*
6. *No cometerás actos impuros.*
7. *No robarás.*
8. *No levantarás falsos testimonios ni mentirás.*
9. *No consentirás pensamientos ni deseos impuros.*
10. *No codiciarás los bienes ajenos.*

Los Sacramentos

"Los sacramentos están ordenados a la santificación de los hombres, a la edificación del Cuerpo de Cristo y, en definitiva, a dar culto a Dios, pero, como signos, también tienen un fin instructivo. No solo suponen la fe, también la fortalecen, la alimentan y la expresan con palabras y acciones; por eso se llaman sacramentos de la fe" (SC 59).

1. Bautismo.
2. Reconciliación.
3. Eucaristía.
4. Confirmación.
5. Unción de los enfermos.
6. Orden sacerdotal.
7. Matrimonio.

Vasos y ornamentos litúrgicos usados en la Misa

¿Qué son los ornamentos?

Los ornamentos son vestiduras especiales usadas para celebrar la Eucaristía y los otros sacramentos. Ordinariamente el sacerdote que celebra la Misa viste el alba, la estola y la casulla.

¿Qué es un alba?

El alba es una túnica o vestidura blanca larga que viste el sacerdote por debajo de la casulla cuando está ofreciendo el Sacrificio Eucarístico.

¿Qué es una casulla?

La casulla es la vestidura exterior del sacerdote que celebra la Misa. Viene en diferentes colores y con frecuencia va decorada con símbolos religiosos.

¿Qué es una estola?

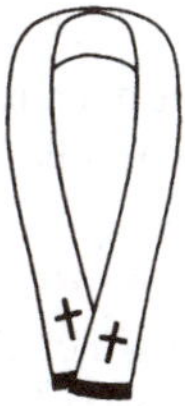

Una estola es una banda larga, estrecha, del mismo material y color que la casulla. El sacerdote la usa alrededor de su cuello y colgando hacia abajo por delante. El diácono la usa sobre su hombro izquierdo y cruzando el pecho hacia la derecha, donde está abrochada.

¿Qué es un cíngulo?

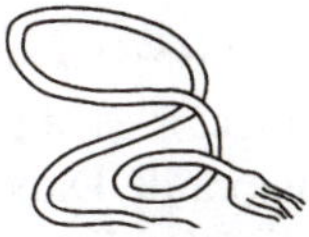

El cíngulo es un cordón largo usado para recoger el alba en la cintura del sacerdote.

¿Qué es una dalmática?

La dalmática, una vestidura similar a la casulla, es usada por el diácono sobre el alba y la estola en las celebraciones litúrgicas.

¿Qué es un altar?

Un altar es la mesa del Señor, hecha de mármol, granito, madera u otro material sólido y atractivo. Ocupa la posición central en el santuario de la iglesia. El Pueblo de Dios es invitado a tomar parte, juntos, en el ofrecimiento del Señor Jesús en ese altar del sacrificio. Ordinariamente se colocan unas reliquias de mártires o santos dentro del altar. [1383]

¿Por qué se coloca el crucifijo sobre el altar o cerca de él?

El crucifijo recuerda a la comunidad orante el sacrificio de Jesús en la cruz.

¿Qué significado tienen los cirios encendidos?

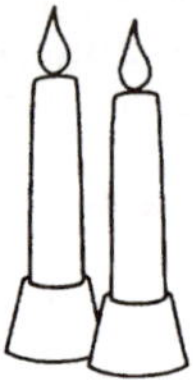

Los cirios encendidos atestiguan nuestra devoción hacia Jesús quien es luz y vida con su gracia.

¿Qué es un ambón?

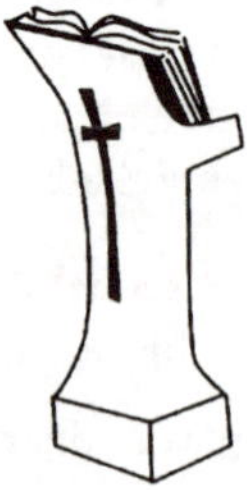

Un ambón es un púlpito desde el cual se proclama la Liturgia de la Palabra.

¿Qué es un lector?

Un lector es la persona que proclama la Palabra de Dios (diferente del Evangelio) en la Misa.

¿Qué clase de pan se debe usar para celebrar la Eucaristía?

El pan usado para celebrar la Eucaristía debe ser hecho solamente de harina de trigo y agua. Nada más puede remplazarlo ni añadirse. [1412]

¿Qué clase de vino se debe usar para celebrar la Eucaristía?

Se debe usar vino puro, natural, de uva, para celebrar la Eucaristía. Ese vino, hecho para los fines sacramentales, debe estar claramente indicado como vino de misa. [1412]

¿Qué son las vinajeras?

Las vinajeras son pequeñas jarras que contienen el vino y el agua usados durante la Celebración Eucarística.

¿Qué es el cáliz?

El cáliz es la copa sagrada en la que el vino se convierte en la verdadera Sangre de Cristo durante la consagración.

¿Qué es un copón?

Un copón es una copa con una tapa correspondiente, usada para contener el Cuerpo de Cristo que será usado en la Sagrada Comunión.

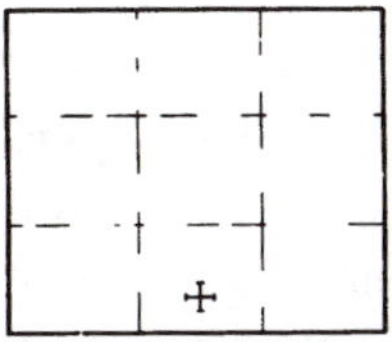

¿Qué es un corporal?

Un corporal es una pieza de tejido de lino sobre la cual se depositan los vasos sagrados que contienen las Sagradas Especies durante la Misa.

¿Qué es una palia?

Una palia es una tarjeta de lino de unos quince centímetros cuadrados, usada para cubrir el cáliz que contiene la preciosa Sangre.

¿Qué es una patena?

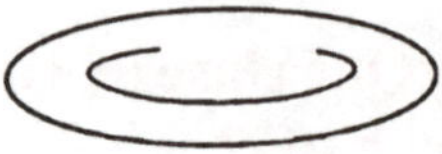

Una patena es el plato sobre el cual se coloca el pan y, más tarde, la Hostia consagrada.

¿Qué es un purificador?

Un purificador es una pequeña toalla de lino que el sacerdote usa para limpiar los vasos sagrados.

¿Qué es un manutergio o toalla de dedos?

Un manutergio es otra pequeña pieza de lino que el sacerdote usa para secar sus dedos después del rito del lavatorio de manos que sigue a la preparación de los dones.

¿Qué libros se usan en la Misa?

El misal es el libro que contiene la parte de la Misa propia del presidente, excepto las lecturas escriturísticas y el salmo responsorial que están impresos en un libro llamado leccionario. También se puede usar un libro grande con los Evangelios, llamado evangeliario. En algunas partes se está acostumbrando usar el libro del altar y el libro de la sede, que son divisiones del misal.

En relación con la Misa, ¿qué queremos decir con la palabra “opción”?

Las opciones son escogencias que la Iglesia le permite al sacerdote para elegir en la Misa. Por ejemplo, puede usar una de las varias Plegarias Eucarísticas.

Los sacramentos de curación

Penitencia y Reconciliación

¿Qué es el sacramento de Penitencia y Reconciliación?

Penitencia y Reconciliación es el sacramento del amoroso perdón de Dios, por el cual somos liberados del pecado y reconciliados con la Iglesia a la que hemos causado daño con nuestros pecados. Este sacramento nos ayuda a crecer en la gracia de Dios y nos fortalece para evitar el pecado y llevar una vida santa. [1422]

Sean compasivos, como su Padre es compasivo (Lc 6,36).

¿De quién recibimos el don de este sacramento?

Recibimos el don de este sacramento de Penitencia y Reconciliación de Jesús, quien dio a los apóstoles el poder de perdonar pecados. [1441]

Sopló sobre ellos y les dijo: "Reciban al Espíritu Santo. A quienes perdonen los pecados les quedan perdonados; a quienes se los retengan, les quedan retenidos" (Jn 20, 22-23).

¿Quién puede recibir el sacramento de Penitencia y Reconciliación?

Todo Católico que ha cometido pecado puede recibir el sacramento de Penitencia y Reconciliación. [1446]

¿Cómo sabemos que Dios quiere perdonar pecados?

Sabemos que Dios quiere perdonar pecados porque en el Evangelio Jesús nos lo dijo muchas veces y de muchas maneras. [1489]

El Hijo del hombre ha venido a buscar y salvar lo que estaba perdido (Lc 19,10).

¿Puede ser perdonado todo pecado?

Sí, todo pecado puede ser perdonado por medio del sacramento de Penitencia. Jesús dijo a los apóstoles:

Yo les aseguro: todo lo que aten en la tierra quedará atado en el cielo, y todo lo que desaten en la tierra quedará desatado en el cielo (Mt 18,18).

¿Cómo se administra el sacramento de Penitencia?

El sacramento de Penitencia es administrado cuando vamos a la confesión con arrepentimiento del pecado, aceptamos la penitencia que el sacerdote nos da y recibimos la absolución: "Yo te absuelvo de tus pecados en el nombre del Padre, y del Hijo, y del Espíritu Santo". Como cuando recibimos la Eucaristía y la Confirmación, respondemos, "Amén". [1448-1449]

¿En qué consiste el signo del sacramento de Penitencia?

El signo del sacramento de Penitencia consiste en "tres actos del penitente", más las palabras del sacerdote.

¿Quién es un penitente?

Un penitente es alguien que está arrepentido de sus pecados.

Padre, pequé ante el cielo y ante ti (Lc 15,18).

¿Cuáles son los tres actos del penitente?

Los tres actos del penitente son contrición (arrepentimiento), confesión (decir los pecados) y satisfacción (reparar el daño causado cuando es posible, y hacer o decir la penitencia impuesta por el sacerdote). También podemos hacer o decir otras penitencias más allá de lo que nos es impuesto. [1450]

¿Qué pasos debe dar una persona al recibir este sacramento?

Para recibir este sacramento con provecho espiritual, una persona necesita primero examinar su conciencia, luego arrepentirse sinceramente del pecado, proponiéndose evitarlo en el futuro. Ese arrepentimiento está basado en motivos espirituales tales como amor a Dios y odio al pecado. La persona entonces confiesa los pecados y acepta la penitencia. [1450, 1460]

¿Qué es contrición perfecta?

Contrición perfecta es el arrepentimiento del pecado especialmente porque desagrada a Dios, quien es todo bondad y amor y merece todo nuestro amor. [1452]

¿Qué es contrición imperfecta?

Contrición imperfecta es el arrepentimiento del pecado por razones que son buenas pero no las mejores, tales como arrepentimiento basado más en el temor que en el amor. [1453]

¿Qué debemos hacer después de recibir este sacramento?

Alguien que ha recibido el sacramento de Penitencia y Reconciliación debe decir o hacer la penitencia impuesta por el sacerdote, evitar cualquier cosa que pueda llevar a pecar y reparar en cuanto sea posible y necesario el daño causado. Cuánto daño se deba reparar se explica más adelante al hablar de los varios mandamientos, como el 7° y el 8°. [1459]

¿Quién actúa en nombre de Jesús en este sacramento?

El sacerdote actúa en nombre de Jesús en el sacramento de Penitencia y Reconciliación. Cuando confesamos nuestros pecados al sacerdote, estamos confesándolos a Jesús, quien nos perdona por medio del sacerdote. [1461]

Todo proviene de Dios, que nos reconcilió consigo por Cristo y nos confió el ministerio de la reconciliación (2 Co 5,18).

¿Qué es el sigilo de confesión?

El sigilo de confesión es la más solemne obligación de un sacerdote para guardar en secreto lo que le ha sido revelado en confesión. El sacerdote nunca puede quebrantar ese sigilo, ni siquiera para salvar su propia vida. [1467]

¿Podemos alguna vez hablar de lo que hemos oído o dicho en confesión?

Cuando se trata de haber escuchado la confesión de alguna otra persona, estamos estrictamente obligados al secreto; cuando se trata de nuestra propia confesión no lo estamos. Sin embargo, es mejor no hablar de los consejos recibidos, de la penitencia, etc.

¿Podemos alguna vez estar tan angustiados como para no ir a la confesión?

Ni la angustia ni el temor nos deben alejar de este sacramento, porque el Señor nos espera con amor a pesar de nuestros pecados. El sacerdote es el representante de Cristo, obligado al sigilo de confesión para nunca revelar nada de lo que le fue confiado en el confesionario. Además, tenemos libertad para confesarnos con cualquier sacerdote. [1465]

¿Qué significa absolución?

Absolución significa "liberación". Por medio de este sacramento, somos liberados de nuestros pecados – quedamos libres de ellos. [1449]

Al que encubre sus faltas no le saldrá bien; el que las confiesa y abandona, obtendrá piedad (Prov 28, 13).

¿El sacerdote rehúsa alguna vez la absolución?

Un sacerdote puede rehusar la absolución solamente en casos extraordinarios por ejemplo, si la persona no está arrepentida de sus pecados graves o no tiene intención de evitarlos en el futuro, o cuando no hay confianza en el Espíritu perdonador de Dios. A esto se refería Jesús cuando hablaba de pecado que no puede ser perdonado. Si no hay verdadero arrepentimiento, no hay perdón. Tenemos que tener confianza en la misericordia de Dios y orar a su Espíritu para tener un corazón contrito.

Todo pecado y blasfemia se perdonará a los hombres, pero la blasfemia contra el Espíritu no será perdonada (Mt 12,31).

¿Hay algunos pecados que el confesor ordinario no puede perdonar?

Algunos pecados son tan graves que el pecador es excomulgado. La absolución en esos casos debe ser obtenida del Papa, del obispo o de un sacerdote autorizado por ellos. La excepción a esta regla se presenta en el peligro de muerte, cuando cualquier sacerdote, inclusive uno que no tenga el permiso de oír confesiones, puede dar la absolución de todo pecado y excomunión. [1463]

¿Qué es penitencia?

Una penitencia es algo que se debe hacer o aceptar reparar por un pecado confesado. Debe corresponder al tipo de pecados y a su gravedad. Generalmente las penitencias toman la forma de oración, actos de misericordia o privaciones voluntarias. [1459-1460]

Vuelvan a mí de todo corazón, con ayuno, con llantos, con lamentos. Desgarren su corazón, no sus vestidos (Joel 2,12).

¿Qué es un confesor?

La palabra "confesor" puede tener dos significados. Puede designar a un sacerdote que escucha confesiones, o en otro sentido diferente, puede designar a un santo, distinto de los mártires, que dio testimonio de ("confesó") la fe. [1466]

¿Cuándo debe una persona recibir el sacramento de Penitencia?

Un Católico que ha cometido un pecado mortal o grave debe recibir el sacramento de Penitencia. Un pecado mortal puede ser perdonado inclusive antes de la confesión si una persona tiene arrepentimiento perfecto (puro) por haber ofendido a nuestro Dios de amor. Pero normalmente, él o ella debe ir a la confesión antes de recibir la Sagrada Comunión. Si hemos cometido pecado grave, debemos ir pronto a la confesión. [1456]

¿Qué debería hacer una persona que ha cometido un pecado mortal?

Una persona que ha cometido un pecado mortal debe decir una oración de arrepentimiento perfecto con la intención de ir pronto a la confesión. Eso le obtiene el perdón y la gracia de Dios. Pero la persona debe ir a la confesión antes de recibir la Comunión.

¿Hay algunas exigencias para confesar pecados mortales?

Al confesar pecados mortales, una persona debe decir qué clase de pecados fueron y – en lo posible – informar cuántas veces fueron cometidos esos pecados, como también cualquier circunstancia que pueda alterar su naturaleza.

¿Puede una persona confesar pecados con la intención de cometerlos de nuevo?

Una persona no puede confesar pecados con la intención de cometerlos de nuevo. Ningún pecado es perdonado por Dios si no hay verdadero arrepentimiento de él (aunque sea arrepentimiento imperfecto, como el temor del castigo divino) y una firme resolución de no cometerlo de nuevo.

¿Con qué frecuencia debemos recibir el sacramento de Penitencia y Reconciliación?

La Iglesia nos pide recibir el sacramento de Penitencia y Reconciliación al menos una vez al año si tenemos pecados graves. Es una buena idea recibir el sacramento con mayor frecuencia porque ayuda en gran manera a nuestro crecimiento espiritual. [1456-1457]

¿Por qué es benéfico recibir este sacramento frecuentemente, aunque hayamos cometido solamente pecados veniales?

Este sacramento nos ayuda a darnos cuenta que todo pecado ofende a Dios. Nos ayuda a desarrollar un gran conocimiento de nosotros mismos, a crecer en gracia y amor a Dios y al prójimo, y a crecer espiritualmente como miembros vivos y activos de la Iglesia. [1458]

¿Cuándo se puede dar una absolución general?

En ciertos casos, tales como durante una guerra o un desastre natural, la absolución general puede ser dada a un grupo sin que haya confesión individual. Como siempre, los penitentes deben estar arrepentidos y proponerse no pecar de nuevo. Alguien, cuyos pecados graves han sido perdonados por una absolución general, está obligado a hacer una confesión individual, tan pronto como le sea posible, antes de recibir otra absolución general, a menos que se presente una justa razón. [1483]

¿Qué es una celebración comunitaria del sacramento de Penitencia y Reconciliación?

Una celebración comunitaria de este sacramento consiste en una preparación en común, que incluye lecturas, una homilía, un examen de conciencia, confesión y absolución individuales y una petición comunitaria de perdón y acción de gracias. Esta forma expresa claramente la naturaleza eclesial del sacramento. [1483]

¿Cuáles son los efectos de este sacramento?

Este sacramento nos reconcilia con Dios, quien perdona todos nuestros pecados. Somos restablecidos en la gracia y amistad de Dios (si ha sido rota por el pecado grave), o es aumentada nuestra unión con él. Somos también reconciliados con la Iglesia a la que hemos perjudicado con nuestros pecados. El sacramento nos da la gracia que necesitamos para vivir nuestra vida cristiana con mayor intensidad, preparándonos así para que tengamos un juicio benigno cuando muramos. [1468-1470]

Este hermano tuyo estaba muerto, y ha vuelto a la vida; estaba perdido, y ha sido hallado (Lc 15,32).

¿Cómo se hace un examen de conciencia?

Un examen de conciencia se hace recordando cómo hemos vivido nuestro compromiso con Cristo en pensamientos, palabras y acciones, y también cómo fueron cumplidos nuestros deberes. A manera de ayuda, los diez mandamientos pueden ser recordados uno por uno, y también los deberes especiales de los Cristianos Católicos y los deberes particulares de cada uno. [1454]

Además, algunas preguntas como las siguientes pueden ayudarnos:

¿Cuál es mi actitud hacia el sacramento de la misericordia de Dios, el sacramento de Penitencia y Reconciliación?

¿Deseo que mis pecados sean personados, de manera que pueda comenzar una nueva vida y aumentar mi amistad con Dios?

¿Callé deliberadamente algunos pecados graves en confesiones pasadas por temor o vergüenza? Si así fue, ahora quiero decirlos sinceramente, confiando en que Dios me perdonará como perdonó al hijo pródigo.

¿Cumplí la penitencia que me fue impuesta en mi última confesión?

¿Reparé cualquier daño que haya causado a otros?

¿He hecho realmente esfuerzos por ser un mejor Católico, a la manera como nos enseña el Evangelio?

¿Cuán intenso es mi amor a Dios?

¿Amo a Dios y lo demuestro obedeciendo los Diez Mandamientos?

¿Pienso en agradar a Dios, y trato de vivir cada día de la mejor manera posible?

¿Creo en Dios y confío en él?
¿Acepto las enseñanzas de la Iglesia?
¿Trato de crecer en conocimiento y amor de mi fe católica?
¿Soy valiente al profesar mi fe en Dios y en la Iglesia?
¿Soy feliz de ser Católico, deseando ser conocido como tal?
¿Me vuelvo hacia Dios frecuentemente durante el día, especialmente cuando tengo alguna tentación?
¿Amo y reverencio el nombre de Dios? ¿Alguna vez tomé su nombre en vano?
¿Blasfemo o juro en falso?
¿Muestro falta de respeto a nuestra Señora y a los santos?
¿Participo en la Misa con atención y devoción los Domingos y fiestas de precepto?
¿He cumplido el precepto de Comulgar en el tiempo de Pascua?
¿Hay en mi vida "falsos dioses" – dinero, ropas, superstición, deseo de popularidad – que de hecho signifiquen para mí más que lo que significa Dios?

¿Cuán intenso es mi amor al prójimo?

¿Realmente amo a mi prójimo, o uso a las personas para mis propios fines? ¿Les hago lo que yo querría que me hicieran a mí?
¿He dado mal ejemplo con mis palabras o acciones?
¿Contribuyo a la felicidad de cada miembro de mi familia?
¿Soy amoroso y respetuoso con mis padres, mi esposa, mis hijos?
Si me es posible, ¿deseo compartir mis bienes con los que tienen menos, o los miro con desprecio?
¿Participo en las obras apostólicas y caritativas de mi parroquia?
¿Rezo por las necesidades de la Iglesia y del mundo?
¿Trabajo fuertemente y a conciencia en el cumplimiento de mis deberes?
¿Soy digno de crédito y fiel? ¿Alguna vez causé daño al buen nombre de otro?
¿Alguna vez causé daño a la propiedad o posesiones de otra persona? ¿He robado?
¿He peleado? ¿He insultado a otros?
¿Tengo odio y sed de venganza?

¿Cómo está mi crecimiento personal en la vida cristiana?

¿Pienso en el cielo y en la esperanza de vida eterna con Dios?
¿Rezo con frecuencia? ¿Leo la Palabra de Dios, la Biblia, y la medito?
¿Recibo los sacramentos de Penitencia y Sagrada Eucaristía?
¿Soy puro en pensamientos, palabras, deseos y acciones?
¿Me alejo de literatura, películas u otras formas de entretenimiento indecentes que no respetan el don que Dios nos hizo de la sexualidad?
¿Conozco cómo entregarme a favor de los demás?
¿Trato de crecer espiritualmente? ¿Soy capaz de examinarme para ver en qué puedo crecer?
¿Soy perezoso? ¿Malgasto el tiempo?
¿Uso mis talentos y mi tiempo para ayudar a que los otros conozcan a Jesús?

Indulgencias

¿Qué es una indulgencia?

Una indulgencia es la eliminación de parte o de la totalidad del castigo temporal debido por pecados ya perdonados. [1471]

¿Qué es castigo temporal?

Todo pecado es un acto desordenado que tiene un efecto en el pecador. Aparta nuestros corazones de Dios y los orienta hacia algún bien creado. El pecador necesita purificación de esas inclinaciones desordenadas. Más que un castigo, esta purificación es una consecuencia natural del mal del pecado. [1472]

¿Cuántas clases de indulgencias hay?

Hay dos clases de indulgencias, *plenaria,* que elimina toda la deuda de castigo temporal, y *parcial,* que abrevia o disminuye ese castigo.

¿Con qué frecuencia se puede ganar una indulgencia plenaria?

Una indulgencia plenaria se puede ganar solamente una vez por día, a menos que se esté en peligro de muerte.

¿Qué se requiere para ganar una indulgencia plenaria?

Para ganar una indulgencia plenaria debemos realizar la buena obra, la oración y la mortificación a las que la indulgencia esté vinculada, ir a la confesión, recibir la comunión, recitar algunas oraciones por las intenciones del Papa y estar libres de todo pecado. Si esos requerimientos para una indulgencia plenaria no están completos, la indulgencia será solamente parcial.

¿Cuándo pueden cumplirse las condiciones para recibir una indulgencia plenaria?

Aunque esté permitido que las condiciones sean cumplidas algunos días antes o después de que la obra sea realizada, es más apropiado recibir la Comunión y decir las oraciones por las intenciones del Papa el mismo día.

¿Cómo se cumple la condición de orar por la intenciones del Papa?

La condición de orar por las intenciones del Papa se cumple diciendo un "Padrenuestro" y un "Avemaría". Sin embargo, se pueden añadir otras oraciones o devociones por sus intenciones.

¿Pueden los obispos conceder una indulgencia plenaria a los fieles de su jurisdicción que viven donde es imposible o al menos muy difícil para ellos recibir los sacramentos de Penitencia y Sagrada Eucaristía?

Sí, los obispos pueden conceder indulgencias plenarias a aquellos fieles que no pueden confesarse y recibir la Comunión, con tal que ellos estén arrepentidos de sus pecados y se propongan recibir esos sacramentos tan pronto como les sea posible.

¿Se puede obtener una indulgencia con el uso de un artículo religioso?

Sí, una indulgencia parcial puede ser obtenida por cualquiera que use con devoción artículos religiosos benditos, tales como un crucifijo, rosario, medalla o escapulario. Si fue bendecido por el Papa o por un obispo, un artículo religioso puede ser usado para ganar una indulgencia plenaria en la fiesta de los santos Apóstoles Pedro y Pablo (Junio 29), con tal que la persona que obtiene la indulgencia haga una profesión de fe usando una fórmula oficial como el Credo de los Apóstoles, el Credo Niceno, etc.

¿Cuál es la fuente de las indulgencias?

Las indulgencias son tomadas del "tesoro" o bienes espirituales de la Iglesia. Dado que la Iglesia es el Cuerpo Místico de Cristo, todos los miembros participan de la misma vida. El tesoro de la Iglesia incluye los méritos infinitos de Cristo, las oraciones y obras buenas de la Santísima Virgen, de los Santos y de todos los fieles a través de las edades. [1474-1477]

La gracia de Dios y el don otorgado por la gracia de un solo hombre Jesucristo se han desbordado sobre todos (Rm 5,15).

¿Podemos ganar indulgencias para otros diferentes de nosotros mismos?

No podemos ganar indulgencias para otras personas vivas, pero podemos ganarlas para las almas que están en el purgatorio. [1479] En la Biblia leemos que Judas Macabeo "... mandó hacer este sacrificio expiatorio a favor de los muertos, para que quedaran liberados del pecado" (2 M 12,45).

¿Por qué concede la Iglesia indulgencias?

La Iglesia fue dotada del poder de atar y desatar y así gustosamente abre el tesoro de la redención del Señor y los méritos de los santos para ayudar a perdonar nuestros pecados. Al requerir de nosotros que digamos oraciones y hagamos penitencia y obras de caridad con el fin de ganar esas indulgencias, la Iglesia nos enseña a asumir alguna responsabilidad para nuestra propia salvación. [1478]

Unción de los enfermos

¿Qué es la Unción de los enfermos?

La Unción de los Enfermos es el sacramento por medio del cual Cristo reconforta y fortalece a aquellos que están peligrosamente enfermos debido a dolencia, herida o edad avanzada. [1499, 1511, 1520]

Expulsaban a muchos demonios y ungían con aceite a muchos enfermos y los curaban (Mc 6,13).

¿Quién actúa en nombre de Jesús en la Unción de los enfermos?

El sacerdote actúa en nombre de Jesús en la Unción de los enfermos. [1516]

¿Está enfermo alguno entre ustedes? Llame a los presbíteros de la Iglesia, que oren sobre él y le unjan con óleo en el nombre del Señor. Y la oración de la fe salvará al enfermo y el Señor hará que se levante , y si hubiera cometido pecados, le serán perdonados (St 5,14-15).

¿En qué consiste el signo de la Unción de los enfermos?

El signo de la Unción de los Enfermos consiste en la unción y las palabras. [1518-1519]

¿Cómo se administra la Unción de los enfermos?

La Unción de los Enfermos la administra el sacerdote que unge a la persona enferma sobre la frente y las manos, diciendo las oraciones apropiadas. [1513]

¿Cuál es el aceite bendito que se usa en la Unción?

El aceite bendito que se usa en la Unción es llamado óleo de los enfermos. Significa curación – principalmente curación espiritual, pero también curación física. [1513]

¿Qué significan las palabras del sacramento de la Unción?

Las palabras del sacramento de la Unción significan que pedimos al Señor que dé su fuerza, curación y gracia. El sacerdote dice: "Por esta santa unción y por su bondadosa misericordia, te ayude el Señor con la gracia del Espíritu Santo. Para que, libre de tus pecados, te conceda la salvación y te conforte en tu enfermedad". [1513]

Yo soy Yahveh, el que te sana (Ex 15,26).

¿Qué produce este sacramento a favor de una persona?

Por medio de este sacramento, el Espíritu Santo fortalece a la persona enferma para que se enfrente a las dificultades de la enfermedad. El sacramento perdona los pecados y algunas veces puede dar como resultado la curación física. La persona enferma es unida a la pasión de Cristo, de manera que el soportar los sufrimientos toma un nuevo significado. Esto beneficia espiritualmente a toda la Iglesia. Finalmente, para aquellos que se acercan a la muerte, la Unción los prepara para ese último viaje. [1520-1523]

Me alegro por los padecimientos que soporto por ustedes, y completo en mi carne lo que falta a las tribulaciones de Cristo, a favor de su Cuerpo, que es la Iglesia (Col 1,24).

¿Por qué no son curados físicamente todos los que son ungidos?

El sacramento de la Unción es un sacramento de preparación, de consuelo, de compasión, de sanación interior. Por medio de esta unción el Señor quiere fortalecer a los enfermos, redimir sus sufrimientos y prepararlos para la resurrección final. Algunas veces este sacramento puede llevar a la curación física, pero si no lo hace, los enfermos son siempre fortalecidos en Cristo. [1518-1519]

Si hemos muerto con él, también viviremos con él; si nos mantenemos firmes, también reinaremos con él (2 Tm 2,11-12).

¿Quién puede recibir la Unción de los enfermos?

Todo Católico bautizado que esté gravemente enfermo por causa de dolencia, herida o edad avanzada puede recibir la Unción de los Enfermos, aunque no haya peligro visible de muerte. El sacramento debe ser recibido cuando la persona enferma está mejor capacitada para sacar provecho de él, y no debe ser demorado hasta que la persona esté a punto de morir. Los niños enfermos, ciertamente, pueden recibir este sacramento si tienen edad suficiente para ser reconfortados por él. Inclusive puede ser administrado a alguien que esté inconsciente. Los más ancianos que están en una condición debilitada son animados también por la Iglesia a recibir la Unción, inclusive si no tienen una enfermedad peligrosa. [1514]

¿Dónde se recibe el sacramento de la Unción?

El sacramento de la Unción es recibido con frecuencia en la casa o en un hospital. Puede también ser recibido durante una Misa en la que haya una celebración comunitaria del sacramento. [1517]

¿Qué se necesita para recibir provechosamente este sacramento?

Para recibir provechosamente este sacramento, la persona debe estar en estado de gracia. Por esta razón se acostumbra recibir el sacramento de Penitencia antes, a menos que el enfermo esté inconsciente. [1517]

¿Se puede recibir este sacramento más de una vez?

Sí, el sacramento de la Unción puede ser recibido más de una vez, inclusive durante la misma enfermedad, si la condición de la persona enferma se agrava. Esto es válido también para los ancianos que gradualmente se debilitan. Se debe también recibirlo antes de una operación delicada. [1515]

¿Qué son los últimos sacramentos?

Los últimos sacramentos son los que recibe una persona que está gravemente enferma. Incluyen la Penitencia, la Unción de los Enfermos y el Viático (Sagrada Eucaristía). Juntos, estos tres son los sacramentos para el viaje final, para el fin de nuestra "peregrinación terrena". [1517, 1525]

El que come mi carne y bebe mi sangre tiene vida eterna, y yo le resucitaré en el último día (Jn 6,54).

¿Cómo debemos prepararnos para un "llamado de enfermo"?

Cubra una pequeña mesa con una tela blanca. Si es posible, la mesa debe estar colocada cerca del lecho de tal manera que quede en el campo visual de la persona enferma. Se deben preparar unos cirios, lo mismo que el agua bendita donde se acostumbre.

Cuando el sacerdote entra a la casa, da a cada uno un saludo de paz y luego coloca el Santísimo Sacramento sobre la mesa. Si la confesión sacramental no hace parte del rito o si hay otras personas para recibir la Comunión al mismo tiempo que el enfermo, el sacerdote los invita a unirse en un rito penitencial. Un texto de la Escritura puede ser leído por alguno de los presentes, o por el sacerdote, quien luego puede explicarlo. Sigue la oración del Señor; entonces el sacerdote distribuye la Sagrada Comunión mientras se observa un período de silencio sagrado. Una oración de conclusión y la bendición completan el Rito de la Comunión de los Enfermos. El sacramento de la Unción puede darse en este momento también.

De tiempo en tiempo, unos diáconos o ministros de la Eucaristía pueden visitar a los enfermos. Aunque no pueden celebrar los sacramentos de Penitencia o Unción, sí pueden distribuir la Sagrada Comunión.

Sacramentos al servicio de la Comunión

Orden

¿Qué es el Orden?

El Orden es el sacramento que continúa la misión de Cristo por medio de la gracia y el poder dado a los hombres para cumplir los sagrados deberes de diáconos, presbíteros u obispos. [1536]

¿Por qué se llama este sacramento "Orden"?

La palabra "Orden" deriva de un término usado en la antigua Roma para referirse a un grupo específico de personas como el cuerpo gubernamental. Los miembros son *ordenados,* o incorporados en ese cuerpo; entran en el orden. [1537-1538]

Tú eres sacerdote para siempre, a semejanza (=según el orden) de Melquisedec (Hb 5,6).

¿Este sacerdocio es igual al que Dios estableció en medio de su pueblo escogido?

No, el sacerdocio hereditario de Israel era la misión especial de la casa de Leví, que ofrecía oraciones y sacrificios por el pecado en nombre de todo el pueblo. La Iglesia ve en este antiguo sacerdocio una prefiguración del sacerdocio del Nuevo Testamento que sigue ofreciendo el único sacrificio redentor de Cristo. [1539-1543]

No conteniendo, en efecto, la Ley más que una sombra de los bienes futuros, no la realidad de las cosas, no puede nunca, mediante unos mismos sacrificios, que se ofrecen sin cesar año tras año, dar la perfección a los que se acercan... Por eso, al entrar (Cristo) en este mundo, dice: Sacrificio y oblación no quisiste; pero me has formado un cuerpo (Hb 10,1.5).

¿Cuál es la relación entre el sacerdocio ministerial y el sacerdocio de los fieles?

Ambos, el sacerdocio de los fieles y el sacerdocio ministerial, participan del único sacerdocio de Cristo. El sacerdocio de los fieles es un ejercicio de la gracia del Bautismo, de fe, esperanza y caridad, de vida en el Espíritu. El sacerdocio ministerial, por su parte, es una obra de servicio al sacerdocio común de los fieles. Porque se trata del medio que Cristo usa para hacer accesibles sus gracias salvíficas a toda la Iglesia, el sacerdocio ministerial es conferido por medio de un sacramento. [1546-1547]

También ustedes, cual piedras vivas, entren en la construcción de un edificio espiritual, para un sacerdocio santo, para ofrecer sacrificios espirituales, aceptos a Dios por mediación de Jesucristo (1 P 2,5).

¿Actúa el sacerdote en nombre de Cristo?

En su capacidad oficial como ministro ordenado, el sacerdote actúa en la persona de Cristo, la Cabeza de la Iglesia. El sacerdote representa a Cristo, quien actúa como sacerdote, maestro y pastor por medio de él.

Si Cristo actúa por medio del sacerdote, ¿qué pasa con la debilidad humana y los pecados del sacerdote?

La garantía de que Cristo actúa por medio del ministro ordenado se extiende solamente al ministerio sacramental, el cual es protegido inclusive contra la indignidad personal del sacerdote. El sacerdote pondrá, con todo, su propia marca humana en sus acciones. Sin embargo, podrá "poner" cada vez más la semejanza con Cristo por medio de su práctica de oración, penitencia y virtud. [1550]

¿Cuáles son los tres grados del sacramento del Orden?

El episcopado, presbiterado y diaconado comprenden los tres grados de este sacramento. El episcopado (el cargo de un obispo) es la plenitud del sacramento. [1554]

¿Por qué la ordenación episcopal es la plenitud del sacramento del Orden?

La ordenación episcopal confiere la más completa participación en el sacerdocio de Cristo. Los obispos son sucesores de los apóstoles y continúan el ministerio de ellos enseñando, pastoreando y guiando el rebaño de Jesucristo hacia la santidad. De una manera especial representan a Cristo como maestro, pastor y sacerdote. [1555-1558]

¿Qué es el colegio de los obispos?

Aunque cada obispo es consagrado como pastor de una Iglesia local, él es, junto con todos los otros obispos, responsable por todas las Iglesias. La práctica de que haya varios obispos que participen en la consagración de un nuevo obispo muestra esa colegialidad. Cada nuevo obispo debe ser aprobado por el Papa, quien es el signo de la comunión y la universalidad de la única Iglesia, así como el garante de la libertad de las Iglesias particulares. [1559-1560]

¿Cuál es la misión del presbítero?

Los presbíteros son cooperadores de los obispos y como ellos, participan de la misión de Cristo como maestro, pastor y sacerdote. Los presbíteros deben predicar el Evangelio, ejercer el ministerio pastoral y guiar a los fieles en el culto. Una parte especial de su ministerio sacramental es el ofrecimiento de la Eucaristía y actuar en nombre de Cristo en el sacramento de Penitencia. [1562-1566]

Porque todo Sumo Sacerdote es tomado de entre los hombres y está puesto a favor de los hombres en lo que se refiere a Dios para ofrecer dones y sacrificios por los pecados (Hb 5,1).

¿Cuál es el papel de los diáconos?

Los diáconos son ordenados por el obispo para el ministerio del servicio. Asisten al obispo y a los presbíteros bautizando, proclamando la Palabra de Dios a los fieles, predicando, distribuyendo la Comunión, dando la Bendición Eucarística, bendiciendo las parejas que reciben el sacramento del Matrimonio, presidiendo funerales y realizando muchas obras de servicio. [1569-1570]

Tampoco el Hijo del hombre ha venido a ser servido, sino a servir y a dar su vida como rescate por muchos (Mc 10,45).

¿Cuántas clases de diáconos hay?

Los diáconos permanentes son hombres solteros o casados que permanecen diáconos por el resto de sus vidas. Los diáconos temporales son hombres que son ordenados diáconos antes de ser ordenados presbíteros.

¿Quién puede conferir las Órdenes Sagradas?

El obispo confiere el Orden Sagrado. Pone sus manos sobre la cabeza de aquel que va a ser ordenado, orando para que el Espíritu Santo lo consagre y le dé los dones propios de su ministerio. El signo del sacramento consiste en eso. Cada grado de ordenación confiere un "carácter espiritual indeleble". [1573-1574, 1581-1583]

Por eso te recomiendo que reavives el carisma de Dios que está en ti por la imposición de mis manos (2 Tm 1,6).

¿Quién puede recibir las Órdenes Sagradas?

Un hombre que sea buen Católico, se haya preparado por el estudio, y haya sido aceptado por el obispo puede recibir las Sagradas Órdenes. [1577-1578, 1580]

¿Alguien tiene derecho de ser ordenado?

Nadie tiene el derecho de ser ordenado, pues un hombre es llamado al sacerdocio por Dios a través de la Iglesia. La Ordenación es un don de Dios, no un derecho. [1578]

¿Por qué las mujeres no son ordenadas para el sacerdocio?

Fiel al ejemplo de Jesús, la Iglesia no se considera ella misma autorizada a ordenar mujeres. La práctica constante y la tradición de la Iglesia, desde los tiempos más primitivos, ha sido ordenar solamente hombres. [1577]

¿Por qué los sacerdotes del rito latino no se casan?

Los sacerdotes del rito latino observan el celibato por causa del reino de los cielos para poder servir a Cristo con un corazón indiviso, dedicarse ellos mismos a su ministerio sacerdotal más completamente y con mayor libertad y llegar a ser signos vivientes del mundo futuro. [1579]

¿Algunos sacerdotes católicos se casan?

Algunos sacerdotes de las Iglesias Católicas del rito Oriental se casan, de acuerdo con sus antiguas tradiciones que han sido aprobadas por Roma. [1580]

¿Tiene la Iglesia el derecho de exigir el celibato sacerdotal?

La Iglesia tiene el derecho de establecer normas disciplinarias obligatorias que cada seminarista estudia; si el seminarista decide llegar a ser sacerdote, libre y conscientemente acepta la norma del celibato.

¿Cuál es la gracia especial dada a aquellos que reciben el sacramento del Orden?

El Espíritu Santo confiere una gracia especial que configura al ordenado con Cristo como sacerdote, maestro y pastor. Esta gracia hace ministro de Cristo al ordenado. [1585-1588]

Matrimonio

¿Quién instituyó el Matrimonio?

Dios instituyó el matrimonio al crear a los seres humanos, varón y hembra, a su propia imagen que es amor. El amor mutuo y la procreación son aspectos esenciales de la naturaleza del hombre y la mujer. La narración escriturística del Génesis confirma esto. [1602-1605].

No es bueno que el hombre esté solo. Voy a hacerle una ayuda adecuada... Por eso deja el hombre a su padre y a su madre y se une a su mujer, y se hacen una sola carne (Gn 2,18.24).

¿Qué es Matrimonio?

Matrimonio es el sacramento por medio del cual un hombre y una mujer bautizados se unen entre sí para vivir en un matrimonio legal, que es una alianza de amor y una "asociación por toda la vida". [1601]

¿De qué manera el matrimonio es una alianza?

Como compromiso de ser fieles el uno con el otro por toda la vida, el matrimonio es una alianza. Refleja la alianza nupcial de Dios con Israel y de Cristo con la humanidad redimida. [1612, 1660, 1662]

¿Qué hizo Cristo a favor del matrimonio?

El matrimonio ha sido asumido dentro de la redención que Cristo obtuvo para nosotros. La Iglesia ve en la presencia de Cristo en las bodas de Caná su intención de sacramentalizar el matrimonio, esto es, hacer de él "un signo eficaz" de su presencia que "significa y comunica la gracia". [1608, 1612-1613, 1617]

Fue invitado también a la boda Jesús... (Jn 2,1-11).

¿Cuál es la finalidad del Matrimonio?

La finalidad del Matrimonio es doble: el amor y la comunión mutuos del esposo y la esposa, y la generación y apropiada educación de los hijos. Estas dos finalidades – dar vida y dar amor – son inseparables. [1601, 1660]

Maridos, amen a sus mujeres como Cristo amó a su Iglesia y se entregó a sí mismo por ella... lo digo respecto a Cristo y la Iglesia. En todo caso, en cuanto a ustedes, que cada uno ame a su mujer como a sí mismo; y la mujer, que respete al marido... Fórmenlos (a sus hijos) más bien mediante la instrucción y la corrección según el Señor (Ef 5,25.32-33; 6,4).

¿Tiene el Matrimonio cristiano alguna otra dimensión?

El matrimonio cristiano es un signo sagrado que recuerda el amor perpetuo de Cristo y su Iglesia. Cristo fortalece la unión de la pareja casada por medio de la gracia sacramental especial del Matrimonio, la cual les ayuda a santificarse por medio de su vida matrimonial. [1617, 1641-1642]

¿Cómo se relacionan la virginidad consagrada y el matrimonio?

La virginidad consagrada y el matrimonio son, los dos, unos dones de Dios. Son signos complementarios e inseparables de su amor. [1618-1620]

De manera que ya no son dos, sino una sola carne...y hay eunucos que se hicieron tales a sí mismos por el Reino de los Cielos (Mt 19,6.12).

¿Cuándo recibe un católico el sacramento del Matrimonio?

Un Católico recibe el sacramento del Matrimonio cuando él o ella se casa en la Iglesia o con la autorización de la Iglesia. [1621, 1623]

¿Qué se necesita para recibir válidamente el sacramento del Matrimonio?

Para recibir el sacramento del Matrimonio válidamente es necesario estar libre de pecado grave, conocer y entender los deberes de la vida matrimonial y obedecer las leyes de la Iglesia acerca del Matrimonio. [1622]

¿Por qué se aconseja casarse en una Misa nupcial?

Las parejas son animadas a casarse en una Misa nupcial, más bien que en la simple ceremonia nupcial, de tal manera que puedan sellar su mutua entrega dentro de la celebración de la entrega de Cristo por la Iglesia. Al recibir la Comunión reciben el Cuerpo y la Sangre de Cristo y verdaderamente forman "un cuerpo" en el Señor. [1621]

Y el pan que partimos ¿no es acaso comunión con el cuerpo de Cristo? Porque aun siendo muchos, un solo pan y un solo cuerpo somos (1 Co 10,16-17).

¿Cuál es el "signo" del Matrimonio?

El signo del Matrimonio es el intercambio de votos de amarse y ser fieles uno al otro por toda la vida. [1623, 1662]

¿Cómo se administra el Matrimonio?

El aspecto indispensable del Matrimonio es el intercambio libre y leal del consentimiento. El hombre y la mujer se dan y se aceptan el uno al otro con la finalidad de establecer un matrimonio. *"Yo te acepto como mi esposo (esposa)"*. El término "votos matrimoniales" es popularmente usado para enfatizar la solemnidad de la alianza. Este intercambio de votos es sellado por la bendición del Espíritu Santo sobre el nuevo pacto de amor. [1623-1627]

Por eso dejará el hombre a su padre y a su madre y se unirá a su mujer, y los dos se harán una sola carne. Gran misterio es éste (Ef 5,31-32).

¿Quién actúa en nombre de Cristo en el Matrimonio?

En la Iglesia Latina, el hombre y la mujer que están recibiendo el Matrimonio se administran el sacramento el uno al otro. El presbítero o diácono son testigos del sacramento y dan a la pareja la bendición de Dios. En los ritos orientales, el sacerdote es el ministro del sacramento. [1623, 1626-1630]

¿Quién puede recibir el sacramento del Matrimonio?

Para recibir el sacramento del Matrimonio una persona debe ser bautizada, tener libertad de consentimiento y no estar ya casada. La persona debe acatar las leyes matrimoniales de la Iglesia. [1625]

¿Cómo se deben preparar los Católicos para el Matrimonio?

La preparación para el matrimonio comienza en el hogar, donde los niños pueden ver el ejemplo vivo de un matrimonio cristiano en el ejemplo de sus padres, incluso si hay dificultades y problemas que se presentan. Más tarde, una instrucción apropiada sobre el matrimonio, la experiencia de vivir una buena vida cristiana, la oración y la recepción de los sacramentos pueden ayudar a una persona joven a prepararse para el matrimonio. [1632]

¿Por qué la Iglesia promulga leyes que regulan el Matrimonio?

La Iglesia hace leyes referentes a los matrimonios de los Católicos porque tiene autoridad recibida de Cristo sobre todos los sacramentos y otras materias espirituales que afectan a las personas bautizadas. [1631]

¿Puede una persona recibir el sacramento del Matrimonio más de una vez?

Después de la muerte de su cónyuge, una persona es libre de recibir de nuevo el sacramento del Matrimonio.

La mujer está ligada a su marido mientras él viva; mas una vez muerto el marido queda libre para casarse con quien quiera, pero sólo en el Señor (1 Co 7,39).

¿Cómo conocemos que una persona es libre para casarse?

La conferencia de los obispos determina qué investigaciones se deben hacer para determinar que nada se opone en el camino del verdadero matrimonio. El sacerdote entrevistará a la pareja acerca de las leyes correspondientes. [1625] (N. del T.: La solicitud del certificado de bautismo *reciente* tiene la finalidad de mostrar si ha habido o no un matrimonio previo, pues cuando se contrae matrimonio se anota el hecho al margen en el libro de bautismos y la copia de la partida tendrá siempre la nota correspondiente).

¿Qué son los impedimentos para el Matrimonio?

Los impedimentos son obstáculos que impiden que un matrimonio se realice lícitamente o que pueden hacerlo inválido, tales como minoría de edad, matrimonio válido preexistente, Órdenes Sagradas o parentesco sanguíneo cercano. [1625]

¿Puede haber dispensa de esos impedimentos?

La Iglesia puede conceder dispensa de algunos de estos impedimentos, pero no de todos ellos.

¿Si se contrajo un Matrimonio inválido se lo puede remediar?

Aunque la pareja no sea consciente de un impedimento, su matrimonio es inválido. En muchos casos, sin embargo, esa situación puede ser remediada. Se debe consultar a un sacerdote y, si es necesario, obtener una dispensa del obispo. En ese momento el matrimonio puede ser rectificado, o "bendecido".

¿Qué es una anulación?

Un decreto de nulidad o anulación es una decisión de las autoridades de la Iglesia por medio de la cual un matrimonio aparentemente válido puede ser declarado nulo por causa de un defecto que impide su validez. Esos defectos, desconocidos para una o para ambas partes, u ocultado por uno u otro de los cónyuges, hace que ese matrimonio no exista desde el comienzo. Los "tribunales" de la Iglesia estudian cada caso y, cuando se presenta, declaran la nulidad. [1629]

¿Un decreto de nulidad hace ilegítimos a los hijos?

No, los hijos que fueron concebidos o nacieron antes de que el matrimonio fuera declarado nulo son hijos *legítimos* de un matrimonio *putativo* – esto es, de un matrimonio que se suponía que existía.

¿Qué es un Matrimonio mixto?

Un matrimonio mixto es el matrimonio de un Católico con un bautizado no Católico. [1633]

¿Qué es un Matrimonio con disparidad de culto?

Un matrimonio con disparidad de culto es el matrimonio de un Católico y una persona no bautizada. [1633]

¿La Iglesia permite esos matrimonios?

Sí, pero los matrimonios mixtos requieren un permiso eclesiástico, y los matrimonios con disparidad de culto requieren una dispensa. Los Católicos que contraen esos matrimonios deben tener un cuidado especial por fortalecer su fe, dar buen ejemplo y educar a sus hijos como Católicos. [1635]

¿Por qué la Iglesia recomienda a los católicos casarse con otros católicos?

La unión del esposo y la esposa en el Matrimonio es un signo de la unión de Cristo con la Iglesia. Las personas casadas son llamadas a una unión de mente y comunión de vida, y esa unión es reforzada por la unidad de fe. Aunque las vidas de muchas parejas muestran una maravillosa unidad a pesar de las diferencias religiosas, esas diferencias pueden a veces causar dificultades. [1634-1637]

¿Cuáles son los efectos del sacramento del Matrimonio?

Crea un vínculo permanente e irrevocable y confiere a la pareja la gracia especial de este sacramento. Esa gracia, que viene de Cristo, fortifica a los esposos para amarse el uno al otro y ser fieles toda la vida, para crecer en santidad, y para recibir con alegría y educar a sus hijos. [1638- 1641]

¿Cuáles son las exigencias del amor conyugal?

Como implica una unión tan profunda, el amor conyugal exige la fidelidad de toda la vida de parte de los esposos uno para con el otro en una unión inquebrantable, y la apertura al don de los hijos. [1643]

¿Por qué es inquebrantable el vínculo del Matrimonio?

Como el matrimonio es una alianza, exige un compromiso total, no uno temporal. Sabemos que Dios quiere que el vínculo matrimonial sea inquebrantable porque Jesús lo confirmó en una discusión sobre el divorcio. La "inquebrantabilidad" del matrimonio, llamada indisolubilidad, es para el bien de la pareja, de sus hijos y de la sociedad. [1614-1616, 1640, 1643-1646]

No han leído que el Creador, desde el comienzo, los hizo varón y hembra, y que dijo: Por eso dejará el hombre a su padre y a su madre y se unirá a su mujer, y los dos se harán una sola carne? De manera que ya no son dos, sino una sola carne. Pues bien, lo que Dios unió no lo separe el hombre (Mt 19,4-6).

¿Permite la Iglesia alguna vez una separación?

Por una buena razón, la Iglesia permite que los integrantes de un matrimonio válido se separen, pero sin el derecho de casarse de nuevo. [1649]

¿Cuáles son algunas de las razones por las que la Iglesia permite la separación?

Algunas razones son el adulterio de uno de los esposos, la conducta criminal o abusiva, la violencia o el peligro para la esposa o los hijos, u otras razones serias. Dado que la pareja continúa siendo marido y mujer a pesar de la separación y no son libres para volver a casarse, sería bueno trabajar por una reconciliación, si ello es posible y prudente. Sin embargo, nadie está obligado a permanecer en una situación abusiva. [1649]

En cuanto a los casados, les ordeno, no yo sino el Señor: que la mujer no se separe del marido, mas en el caso de separarse, que no vuelva a casarse, o que se reconcilie con su marido, y que el marido no despida a su mujer (1 Co 7,10-11).

¿Qué es divorcio?

Divorcio es un intento de disolver, por medio de la ley civil, un vínculo matrimonial que nunca puede ser roto, excepto por la muerte. [1650]

Ellos le dijeron: Moisés permitió escribir el acta de divorcio y repudiarla. Jesús les dijo: Teniendo en cuenta la dureza de su corazón escribió para ustedes este precepto. Pero desde el comienzo de la creación, Él los hizo varón y hembra. Por eso dejará el hombre a su padre y a su madre, y se adherirá a su mujer, y los dos se harán una sola carne, De manera que ya no son dos, sino una sola carne. Pues bien, lo que Dios unió, no lo separe el hombre (Mc 10,4-9).

¿Es permitido el divorcio alguna vez?

El divorcio, con nuevo matrimonio, nunca es permitido por la Iglesia. La Iglesia puede permitir que una pareja obtenga un divorcio civil por razones legales, pero a los ojos de Dios la pareja es solamente separada. Ninguno de los dos puede casarse de nuevo mientras su esposo o esposa estén vivos. [1664]

Todo el que repudia a su mujer y se casa con otra, comete adulterio; y el que se casa con la repudiada por su marido, comete adulterio (Lc 16,18).

¿Qué necesidades tienen los católicos divorciados que no se han casado de nuevo?

Los Católicos divorciados que no se han casado de nuevo necesitan un cuidado pastoral apropiado y compasivo, estímulo para permanecer cercanos a los sacramentos, especialmente a la Sagrada Comunión, y apoyo para no entrar en un matrimonio inválido que los privaría de recibir los sacramentos que dan y sostienen la vida. [1649]

¿Qué necesidades tienen los católicos que viven en un matrimonio inválido?

Los Católicos que viven en un matrimonio inválido tienen necesidades pastorales especiales. El *Catecismo de la Iglesia Católica* establece: "...los sacerdotes y toda la comunidad deben dar prueba de una atenta solicitud, a fin de que aquellos no se consideren como separados de la Iglesia, de cuya vida pueden y deben participar como bautizados". [1651]

¿Los católicos que se han vuelto a casar después del divorcio pueden recibir los sacramentos?

Los Católicos que se han vuelto a casar después del divorcio (sin haber obtenido una anulación) no pueden recibir la Eucaristía ni el sacramento de Penitencia a menos que "se comprometan a vivir en total continencia". [1650, 1665]

¿En qué forma el adulterio y la poligamia son pecados contra el matrimonio?

El adulterio, que es la relación sexual entre una persona casada y alguien que no es su esposo o su esposa, y la poligamia, que es tomar más de un esposo o esposa, ambos son pecados contra la naturaleza indivisa y exclusiva del amor conyugal. [1645]

¿En qué forma los niños son una bendición para una pareja casada?

Los hijos son un vivo reflejo del amor de una pareja, un signo permanente de su unidad y una síntesis viviente de su paternidad y maternidad. [1652]

¿La falta de hijos hace inválido un Matrimonio?

Un matrimonio válido no es invalidado por circunstancias imprevistas. Si una pareja se casa con la intención de aceptar los hijos que Dios quiera enviarle, la falta de hijos no hace inválido el matrimonio. Su fertilidad se puede expresar de otras maneras, quizás ofreciendo un hogar amoroso a un hijo adoptado, u ofreciendo hospitalidad a otros, o por medio de obras de caridad, sacrificio y servicio. [1654]

¿Están obligadas las parejas católicas a tener tantos hijos cuantos sea posible?

No, las parejas Católicas están obligadas solamente a actuar de una manera verdaderamente responsable para traer hijos al mundo y educarlos bien. Esa responsabilidad incluye el reconocimiento de la procreación de los hijos como uno de los fines fundamentales del matrimonio, y el rechazo del aborto y del control artificial de la natalidad, lo mismo que la manipulación genética, como contrarios a la ley de Dios.

¿Hay algún método aceptable de control de la natalidad?

La Iglesia reconoce los métodos naturales para la regulación de los nacimientos porque ellos no bloquean directamente la acción creadora de Dios (en oposición al control artificial de la natalidad o contracepción). Puede haber razones justas para que la pareja practique una paternidad responsable espaciando los nacimientos de sus hijos. La Iglesia recomienda que la pareja obtenga información acerca de los métodos naturales en los grupos Católicos de planeación natural de la familia. [2366-2368]

¿Por qué la familia es llamada iglesia doméstica?

La familia cristiana es la "iglesia doméstica", una única e irreemplazable comunidad de personas que es como una Iglesia en miniatura. Todos los miembros son llamados a la santidad en el cumplimiento de sus deberes y en sus relaciones como familia. Deben ser una levadura en la sociedad, un signo de la presencia de Dios en el mundo. La familia es la primera escuela de la fe, la virtud y la oración. Esto no quiere decir que la vida de familia sea sin dificultades, pero sí que Jesús estará siempre presente para ayudar a las familias a enfrentar todos los problemas que se puedan presentar. [1655-1658]

Sacramentales

¿Qué son los sacramentales?

Los Sacramentales son "signos sagrados con los que, imitando de alguna manera a los sacramentos, se expresan efectos, sobre todo espirituales, obtenidos por la intercesión de la Iglesia". Ellos nos pueden disponer para recibir los efectos principales de los sacramentos y para santificar varias ocasiones de la vida. [1667-1668]

¿De dónde viene el nombre "sacramental"?

Los sacramentales son llamados así porque muchos de ellos son usados en la celebración de los sacramentos y son, por supuesto, como los sacramentos, signos externos por medio de los cuales se reciben las bendiciones que provienen de Dios.

¿En qué forma obtiene un sacramental las bendiciones de Dios?

Un sacramental obtiene bendiciones de Dios a través del Misterio Pascual de Cristo, por medio de las oraciones que la Iglesia ofrece por aquellos que usan el sacramental y por causa de la devoción que inspira el objeto, acción o palabra. [1670]

¿Qué bendiciones se obtienen por medio de los sacramentales?

Por medio de los sacramentales podemos obtener gracias y bendiciones de Dios, el perdón de los pecados veniales, fuerza y consuelo espirituales, y algunas veces salud y bendiciones materiales, si esa es la voluntad de Dios.

¿En qué se diferencian los sacramentales de los sacramentos?

Los sacramentales son instituidos por la Iglesia, mientras que los Sacramentos fueron instituidos por Cristo. Los sacramentales obtienen gracia por medio de las oraciones de la Iglesia y dependen de la fe y de las buenas disposiciones de la persona que los usa. Los Sacramentos, por su parte, obran por el poder directo de Cristo. [1670]

¿Por qué la Iglesia instituyó sacramentales?

La Iglesia instituyó sacramentales para añadir mayor dignidad al rito de los sacramentos, para ayudarnos a participar más completamente en la liturgia y en los sacramentos y para santificar varios momentos de la vida.

¿Cuál es la base de los sacramentales?

La base de los sacramentales es nuestro propio Bautismo por el cual recibimos el sacerdocio bautismal. Dios nos llama para ser una "bendición" y para bendecir. [1669]

Bendigan, pues han sido llamados a heredar la bendición (1 P 3,9).

¿Cuáles son los principales sacramentales?

Los principales sacramentales son el año litúrgico y la oración pública de la Iglesia, la Liturgia de las Horas.

¿Qué otras clases de sacramentales hay?

Algunas otras clases de sacramentales son:

- la bendición de personas, sitios y objetos;
- bendiciones que consagran a unas personas a Dios o reservan lugares y objetos para el uso litúrgico, tales como la profesión religiosa y la consagración de un altar;
- exorcismos para la expulsión de espíritus malignos. [1669, 1671-1674]

En la casa en que entren, digan primero: "Paz a esta casa". Y si hay allí un hijo de paz, su paz repcsará sobre él (Lc 10, 5-6).

¿Cuáles acciones son sacramentales?

Algunas acciones que son sacramentales son la genuflexión, arrodillarse, la inclinación de cabeza, hacer el signo de la cruz, cruzar las manos, la aspersión con agua bendita.

Hizo Moisés una serpiente de bronce y la puso en un mástil. Y si una serpiente mordía a un hombre y éste miraba la serpiente de bronce, quedaba con vida (Nm 21,9).

¿Qué objetos benditos de devoción popular usan ordinariamente los católicos?

Rosarios, reliquias, medallas, crucifijos, escapularios, cenizas, palmas, cirios y pinturas de Jesús, María y los santos son objetos populares de devoción. [1674]

¿Los objetos benditos dan buena suerte?

Los objetos benditos no deben ser nunca considerados amuletos de buena suerte, ni convertirse en objetos de superstición. Por ejemplo, no se puede llevar una vida inmoral creyendo que por tener un escapulario o una medalla se obtendrá la gracia de la conversión antes de la muerte.

¿Qué es un escapulario?

Un escapulario está formado por dos pequeños trozos de tejido, unidos por cordones y colocados alrededor del cuello hacia delante y atrás, a imitación de la parte del hábito religioso llamada escapulario. Los escapularios son el signo de la asociación en la espiritualidad de una orden religiosa particular. El escapulario más común honra a María como Nuestra Señora del Monte Carmelo. Una medalla escapulario hace las veces de un escapulario de tela.

¿Qué es agua bendita?

Agua santa, o agua bendita por un sacerdote, es un sacramental que nos recuerda nuestro Bautismo y nuestro compromiso para vivir la vida Cristiana. La encontramos en las fuentes a las entradas de las iglesias y hacemos el signo de la cruz con ella al entrar a la iglesia y al salir de ella. [1668]

¿Cuál es la finalidad de los cirios benditos?

Los cirios benditos se encienden para testimoniar nuestra devoción a Jesús, quien es luz y vida con su gracia.

¿Cuál es la finalidad de las cenizas benditas?

Las cenizas benditas son usadas especialmente el Miércoles de Ceniza, el primer día de Cuaresma. Se traza una cruz con cenizas sobre nuestra frente como recuerdo para que vivamos una buena vida y hagamos penitencia porque un día moriremos.

¿Cuál es la finalidad de crucifijos, medallas, escapularios, estatuas religiosas y pinturas sagradas?

Esos objetos nos recuerdan a Jesús y también nuestra unión con los santos, y nos invitan a llevar una vida de oración y de servicio Cristiano.

¿Rezamos a las estatuas y a las pinturas religiosas?

Nosotros no rezamos a las estatuas y pinturas religiosas mismas. En vez de ello, nosotros rezamos a la persona que está en el cielo y es representada por la estatua o pintura.

¿Qué son las cuentas del rosario?

Son "cuentas de oración" usadas para rezar el rosario. Esta "oración evangélica" está compuesta por el Padrenuestro, el Avemaría y el Gloria, y al recitarlos pensamos en importantes acontecimientos en la vida de Jesús y de María. (Ver las páginas de oraciones, al final de este catecismo, para las instrucciones sobre cómo rezar el rosario).

VIDA EN CRISTO

La dignidad de la persona humana

¿De qué manera la persona humana es "imagen y semejanza de Dios"?

En su alma espiritual, inteligencia y libre voluntad, la persona humana es "la imagen y semejanza de Dios". Todo nuestro ser está ordenado a buscar la verdad y el bien de acuerdo con nuestro destino que es la eterna bienaventuranza con Dios. [1701-1704]

Y dijo Dios: "Hagamos al ser humano a nuestra imagen, como semejanza nuestra..." (Gn 1,26).

¿Cómo debemos buscar esa bienaventuranza eterna?

Tratamos de alcanzar la bienaventuranza eterna con Dios siguiendo los dictados de nuestra conciencia para hacer el bien y evitar el mal. Esto lo vivimos en nuestros diarios esfuerzos por amar a Dios y al prójimo. [1706]

¿Por qué hay que luchar tanto para ser bueno?

A pesar de nuestra constitución y destino, nuestra vida es una continua lucha porque el pecado original hirió nuestra naturaleza, dejándonos con la atracción al pecado. [1707]

Pues la carne tiene apetencias contrarias al espíritu, y el espíritu contrarias a la carne, como que son antagónicos, de forma que no hacen lo que quisieran (Ga 5,17).

¿Qué es la nueva vida en Cristo?

Por su pasión, muerte y resurrección, Jesús mereció una nueva vida para nosotros. Nos restauró lo que habíamos perdido por el pecado y nos renovó por la gracia en el Espíritu Santo. [1708-1709]

Así también ustedes, considérense muertos al pecado y vivos para Dios en Cristo Jesús (Rm 6,11).

¿Quién es un cristiano?

Un cristiano es un bautizado que sigue a Jesucristo. [1694]

Sean mis imitadores, como yo lo soy de Cristo (1 Co 11,1).

¿Qué es la moral cristiana?

La moral cristiana es vivir de manera acorde con nuestra dignidad de seres humanos y de hijos adoptivos de Dios.

Así como el que los ha llamado es santo, así también ustedes sean santos en toda su conducta, como dice la Escritura: Serán santos, porque santo soy yo (1 P 1,15-16).

¿Qué gran mandamiento debe ser vivido por todos los que creen en Dios?

El gran mandamiento que debe ser vivido por todos los que creen en Dios es: [2055]

Amarás al Señor tu Dios, con todo tu corazón, con toda tu alma y con toda tu mente. Éste es el mayor y el primer mandamiento. El segundo es semejante a éste: amarás a tu prójimo como a ti mismo (Mt 22,37-39).

¿Qué significa para nosotros el mandamiento de amor de Jesús?

Debemos amar a Dios con todo nuestro ser y amar a los demás como Jesús nos ama, porque Dios los ama y quiere que hagamos lo mismo. Las obras espirituales y corporales de misericordia son caminos para demostrar ese amor. (Ver también Dt 6,4 ss) [1972]

¿Cuáles son las obras corporales de misericordia?

Basadas en Mateo 25,35-36, las obras corporales de misericordia son dar de comer al que tiene hambre, de beber al que tiene sed, vestir al desnudo, alojar al que no tiene casa, visitar a los enfermos, visitar a los presos, sepultar a los difuntos.

¿Cuáles son las obras espirituales de misericordia?

Las obras espirituales de misericordia son dar consejo al que lo necesita, instruir al que no sabe, corregir al pecador, reconfortar al triste, perdonar las injurias, soportar las ofensas con paciencia, orar por los vivos y difuntos.

¿Cuáles son las bienaventuranzas?

Las bienaventuranzas son el corazón de la enseñanza de Jesús. Describen a la vez nuestra actitud como discípulos de Cristo y las promesas del reino. [1716-1717]

Bienaventurados los pobres de espíritu, porque de ellos es el Reino de los cielos

Bienaventurados los mansos, porque ellos poseerán en herencia la tierra.

Bienaventurados los que lloran, porque ellos serán consolados.

Bienaventurados los que tienen hambre y sed de la justicia, porque ellos serán saciados.

Bienaventurados los misericordiosos, porque ellos alcanzarán misericordia.

Bienaventurados los limpios de corazón, porque ellos verán a Dios.

Bienaventurados los que trabajan por la paz, porque ellos serán llamados hijos de Dios.

Bienaventurados los perseguidos por causa de la justicia, porque de ellos es el Reino de los cielos.

Bienaventurados serán cuando los injurien, y los persigan y digan con mentira toda clase de mal contra ustedes por mi causa. Alégrense y regocijénse, porque su recompensa será grande en los cielos; pues de la misma manera persiguieron a los profetas anteriores a ustedes (Mt 5,3-12).

¿Son realmente prácticas las bienaventuranzas?

Las bienaventuranzas son prácticas en el sentido de que nos ofrecen maneras concretas de conformar nuestra vida con la vida y enseñanzas de Cristo. Así como los mandamientos expresan nuestro deseo de lo verdadero y lo bueno, así las bienaventuranzas expresan nuestro deseo natural de felicidad. Viviendo las bienaventuranzas podemos comenzar a experimentar la vida futura. [1717-1719]

Nos han sido concedidas las preciosas y sublimes promesas, para que por ellas se hicieran partícipes de la naturaleza divina, huyendo de la corrupción que hay en el mundo por la concupiscencia (2 P 1,4).

¿Cuál es el reto de las bienaventuranzas?

Las bienaventuranzas nos desafían a que conformemos todos nuestros deseos con las enseñanzas de Jesucristo. Vivir como discípulos suyos debe ser nuestro verdadero propósito y el principio que guíe todas nuestras acciones. [1723-1724]

Guíame en tu verdad, enséñame, porque tú eres el Dios de mi salvación. En ti estoy esperando todo el día (Sal 25,5).

¿Qué es la libertad humana?

La libertad humana es nuestra capacidad "para iniciar y controlar" nuestras propias acciones. Escogemos hacer o no hacer cada acción y somos responsables por lo que hemos escogido. La libertad no significa simplemente hacer lo que queremos, sino ser libres para escoger el bien. [1730-1731]

Él (el Señor) hizo al hombre al principio y le dio la libertad para decidir. Si quieres, observarás los mandamientos; de ti depende el permanecer fiel (Si 15,14-15). (Traducción de la *Biblia de América.* Nota del Traductor).

¿La gracia se opone a nuestra libertad?

No. Cuando pecamos debilitamos nuestra libertad y nos hacemos esclavos de nuestros deseos, pero cuando nos apoyamos en la gracia nuestra libertad interior es fortalecida y aumentada. [1740-1742]

Donde está el Espíritu del Señor, allí está la libertad (2 Co 3,17).

¿Cómo juzgamos la moralidad de un acto?

Juzgamos la moralidad de un acto preguntando:
- ¿Es la acción buena o mala en sí misma?
- ¿Cuál es nuestra intención o finalidad al escogerla?
- ¿Cuáles son las circunstancias o consecuencias de esta acción?

Para que un acto sea moralmente bueno, los tres aspectos deben ser buenos. Por ejemplo, un acto que es malo en sí mismo, como el asesinato, no puede hacerse correcto por una buena intención, como sería aliviar el sufrimiento. [1749-1756]

Quien va a derecho, va seguro... (Pr 10,9).

¿Qué son las pasiones?

Las pasiones son los sentimientos o emociones que experimentamos, los cuales no son ni buenos ni malos en sí mismos. Su valor moral depende de la manera como son usadas por la mente y la voluntad. [1762-1770]

Los que son de Cristo han crucificado la carne con sus pasiones y sus apetencias (Ga 5,24).

¿Cuáles son las principales pasiones?

El *Catecismo de la Iglesia Católica* enumera las pasiones principales como "el amor y el odio, el deseo y el temor, la alegría, la tristeza y la ira". [1772]

Conciencia

¿Qué es la conciencia?

La conciencia es un juicio (decisión) práctico sobre si una acción, palabra, pensamiento, deseo u omisión es bueno y se debe consentir en él, o malo y debe ser evitado. Es nuestro interior y santuario más secreto donde estamos solos con Dios. [1776-1778]

Muestran tener la realidad de esa ley escrita en su corazón, atestiguándolo su conciencia, y los juicios contrapuestos de condenación o alabanza... en el día en que Dios juzgará las acciones secretas de los hombres, según mi evangelio, por Cristo Jesús (Rm 2,15-16).

¿Hay que seguir la conciencia?

Si hemos reflexionado bien y estamos seguros de que algo es la cosa correcta para hacer, debemos seguir la conciencia. [1778]

¿Qué se necesita para tener una conciencia recta?

Para tener una conciencia recta se necesita primero conocer la ley de Dios (como se conoce en la ley natural y en la ley revelada en la Biblia), las leyes de la Iglesia y también los deberes particulares del propio estado de vida. Entonces la conciencia de uno expresará mejor lo que es correcto o errado en una situación particular. Además, se necesita ser prudente y honesto para aplicar esos criterios a la materia que tenemos entre manos. [1783]

¿Qué papel juegan los demás en la formación de nuestra conciencia?

Entre los que ayudan en la formación de la conciencia, los padres juegan el papel mayor por la instrucción, el ejemplo y la orientación que dan a sus hijos. Ellos son los primeros y constantes maestros de sus hijos, instruyéndolos sobre el amor de Dios y su ley, los deberes de la religión y la sociedad, las virtudes y los valores de la familia. Otros que influyen en la formación de la conciencia son los pastores, maestros, parientes y las autoridades civiles y religiosas. [1784]

¿La oración tiene influencia en la conciencia?

Sí, la oración ilumina y fortalece la conciencia, dándole la dirección de la Palabra de Dios. Necesitamos examinar nuestras intenciones y acciones a la luz de la oración. La gracia del Espíritu Santo nos ayuda a reconocer y escoger lo que es voluntad de Dios. [1785]

¿Somos responsables por nuestras acciones?

Somos verdaderamente responsables por nuestras acciones porque Dios nos dio inteligencia y voluntad libre, que deben ser usadas para cumplir el propósito para el cual nos hizo. [1730]

Al justo se le imputará su justicia y al malvado su maldad (Ez 18,20).

¿Podemos actuar con conciencia dudosa?

Una conciencia dudosa es una que no puede decidir si un acto es bueno y debe ser realizado o malo y debe ser evitado. Cuando uno está en esa duda debe abstenerse de actuar o resolver la duda. [1787]

¿Qué es una conciencia escrupulosa?

Una conciencia escrupulosa es una que está continuamente en duda, en temor del pecado cuando no hay ninguno, o en temor de pecado mortal cuando hay solamente pecado venial. Una conciencia escrupulosa puede ser ayudada por la dirección de un confesor sabio, por la oración humilde, y a veces por la ayuda profesional.

¿Qué es una conciencia laxa?

Una conciencia laxa es una que juzga más por conveniencia que por ley de Dios y lleva a una persona a cometer fácilmente un pecado, leve o grave. Todas las cosas son juzgadas descuidadamente, sin pensar en las consecuencias o en la ofensa a Dios. [1791]

Si una conciencia yerra por causa de ignorancia invencible, ¿la persona peca?

No, si la conciencia yerra por ignorancia invencible (inevitable), la persona no peca. [1793]

Sumergido su pensamiento en las tinieblas y excluidos de la vida de Dios por la ignorancia que hay en ellos... (Ef 4,18).

¿Todo lo que es legal, es moralmente correcto?

Todo lo que es legal no es necesariamente correcto moralmente. La ley civil no puede contradecir la ley de Dios. Por ejemplo, la legalidad del aborto no lo hace moralmente correcto. [1782]

Hay que obedecer a Dios antes que a los hombres (Hch 5,29).

¿Un fin bueno justifica alguna vez el uso de medios malos?

No, nunca nos es permitido hacer el mal buscando el bien que pueda resultar de él. Dios quiere que tengamos un fin bueno y lo alcancemos con acciones buenas. Cada uno, especialmente un Cristiano, debe estar listo a hacer sacrificios y si es necesario ir hasta la muerte para asegurar su propia salvación. [1789]

¿Qué hacer cuando "todos lo hacen"?

"Todos lo hacen" no puede excusar nuestro mal obrar, dado que la Ley de Dios no está basada en la popularidad, sino en su divina voluntad y en nuestro fin último.

Les ruego hermanos que se guarden de los que suscitan divisiones y escándalos contra la doctrina que han aprendido (Rm 16,17).

Obras de misericordia

Corporales

1. Dar de comer al hambriento.
2. Dar de beber al sediento.
3. Vestir al que lo necesita.
4. Dar posada al peregrino.
5. Visitar a los enfermos.
6. Socorrer a los presos.
7. Dar sepultura a los muertos.

Obras de misericordia

Espirituales

1. Enseñar al que no sabe.
2. Dar buen consejo.
3. Corregir al que se equivoca.
4. Perdonar las ofensas.
5. Consolar al triste.
6. Sufrir con paciencia los defectos de los demás.
7. Rogar a Dios por los vivos y por los muertos.

Virtud

¿Qué es virtud?

Virtud es un poder para obrar bien o un hábito de hacer el bien. Las virtudes principales son las virtudes teologales (centradas en Dios) y las virtudes cardinales (eje o clave). Aunque estos poderes son dones gratuitos de Dios, debemos usarlos de tal manera que realmente se conviertan en los hábitos de hacer el bien que Dios quiere que sean. [1803]

Todo lo que hay de verdadero, de noble, de justo, de puro, de amable, de honorable, todo cuanto sea virtud y cosa digna de elogio, todo eso téngalo en cuenta (Flp 4,8).

¿Qué son las virtudes morales?

Las virtudes morales son virtudes humanas o disposiciones, actitudes y hábitos que nos orientan hacia una manera de actuar ordenada y honesta. Son fuerzas de carácter desarrolladas por el esfuerzo personal que habilitan a una persona para vivir con libertad y autocontrol. [1804]

Pongan el mayor empeño en añadir a su fe la virtud, a la virtud el conocimiento, al conocimiento la templanza, a la templanza la tenacidad, a la tenacidad la piedad, a la piedad el amor fraterno, al amor fraterno la caridad (2 P 1,5-7).

¿Qué son las virtudes cardinales?

Las virtudes cardinales son las virtudes morales clave: prudencia, justicia, fortaleza y templanza. La palabra "cardinal" viene de la palabra latina que significa "eje". Las otras virtudes morales giran sobre estas cuatro. [1805]

¿Amas la rectitud? Las virtudes son sus empeños, pues ella enseña la templanza y la prudencia, la justicia y la fortaleza: lo más provechoso para el hombre en la vida (Sb 8,7).

¿Qué es la virtud de prudencia?

La prudencia es la virtud que nos capacita para pensar cuidadosamente antes de actuar, para tomar decisiones sabias y para hacer las cosas bien. [1806]

Sabiduría del cauto es atender a su conducta (Pr 14,8).

¿Qué es la virtud de justicia?

La justicia es la virtud que nos capacita para dar a Dios y al prójimo lo que les es debido, salvaguardando así los derechos de Dios y de los demás. [1807]

Pues bien, lo del César devuélvanselo al César, y lo de Dios a Dios (Lc 20,25).

¿Qué es la virtud de fortaleza?

La fortaleza es la virtud por medio de la cual hacemos lo que es bueno y recto a pesar de cualquier dificultad. [1808]

En el mundo tendrán tribulación. Pero ¡ánimo!: yo he vencido al mundo (Jn 16,33).

¿Qué es la virtud de templanza?

La virtud de templanza es la virtud por la cual ejercemos autocontrol en relación con los impulsos de la naturaleza humana. [1809]

Renunciando a la impiedad y a las pasiones mundanas, vivamos con sensatez, justicia y piedad en el siglo presente, aguardando la feliz esperanza... (Tt 2,12-13).

¿Cuáles son algunas otras virtudes morales?

Otras virtudes morales son:

- Religión, que nos ayuda a dar dignamente culto a Dios;
- Piedad filial y patriotismo, que nos ayudan a amar, honrar y respetar a nuestros padres y nuestra nación;
- Obediencia, que nos ayuda a obedecer a nuestros padres y a todas las autoridades que representan a Dios;

- Veracidad, que nos ayuda a decir siempre la verdad;
- Liberalidad, que nos ayuda a usar rectamente los bienes de este mundo;
- Paciencia, que nos ayuda a enfrentar retos y dificultades con calma;
- Humildad, que nos ayuda a conocernos a nosotros mismos y ser agradecidos por todo lo bueno que hay en nosotros;
- Castidad, o pureza, que nos ayuda a ser puros en la mente, el corazón y el cuerpo.

Hay muchas otras virtudes morales al lado de éstas.

¿Qué son las virtudes teologales?

Las virtudes teologales – fe, esperanza y caridad – tienen a Dios como su origen, motivo y objeto. Dios nos las da para que podamos orientar toda nuestra vida hacia él. [1812-1813]

Ahora subsisten la fe, la esperanza y caridad, estas tres. Pero la mayor de todas ellas es la caridad (1 Co 13,13).

¿Qué significa la palabra "teologal"?

"Teologal" significa lo que pertenece a Dios.

¿Qué es la virtud de la fe?

La fe es la virtud sobrenatural por la cual creemos todo lo que Dios nos ha revelado y enseña a través de la Iglesia Católica, basados en que él no puede engañar ni ser engañado. Por la fe confiamos todo nuestro ser a Dios. [1814]

En él (el evangelio) se revela la justicia de Dios, de fe en fe, como dice la Escritura: el justo vivirá por la fe (Rm 1,17).

¿Podemos salvarnos por la sola fe?

Por la fe nos salvamos. [1815]

" La fe, si no tiene obras, está realmente muerta" (St 2,17).

¿La fe exige algo de nosotros?

Además de vivir nuestra fe y estudiarla constantemente, debemos profesar abiertamente nuestra fe. [1816]

Por todo aquel que se declare por mí ante los hombres, yo también me declararé por él ante mi Padre que está en los cielos; pero a quien me niegue ante los hombres, le negaré yo también ante mi Padre que está en los cielos (Mt 10,32-33).

¿Cómo podemos crecer en nuestra fe?

Podemos crecer en nuestra fe haciendo frecuentes actos de fe, orando para que se aumente la fe, estudiando las verdades de la fe, viviendo de acuerdo con la voluntad de Dios, escogiendo con cuidado amigos y socios y leyendo o viendo solamente cosas buenas, evitando todo lo que vaya contra las enseñanzas de la Iglesia.

Velen, manténgase firmes en la fe... (1 Co 16,13).

¿Cómo ponemos en acción nuestra fe?

Ponemos en acción nuestra fe llevando el espíritu del Evangelio a cada aspecto de nuestras vidas, especialmente a nuestras relaciones con los demás. En esa forma damos testimonio de Cristo, extendemos el reino de Dios y construimos un mundo más humano.

Siempre dispuestos a dar respuesta a todo el que les pida razón de su esperanza. Pero háganlo con dulzura y respeto... (1 P 3,15-16).

¿Qué es la virtud de la esperanza?

La esperanza es la virtud sobrenatural por medio de la cual confiamos en que Dios nos dará la vida eterna y todo lo que necesitamos para obtenerla, porque él es misericordioso y fiel a sus promesas. [1817]

Mantengamos firme la confesión de la esperanza, pues es fiel el autor de la Promesa (Hb 10,23).

¿Cómo vivimos por la esperanza?

Vivimos por la esperanza confiando que Dios nos dará las gracias necesarias para la salvación y colmará nuestro deseo de la felicidad del reino. [1818]

Nos gloriamos hasta en las tribulaciones, sabiendo que la tribulación engendra la paciencia; la paciencia, virtud probada; la virtud probada, esperanza, y la esperanza no falla, porque el amor de Dios ha sido derramado en nuestros corazones por el Espíritu Santo que nos ha sido dado (Rm 5,3-5).

¿Qué es la virtud de caridad?

La caridad es la virtud sobrenatural por medio de la cual amamos a Dios sobre todas las cosas, y amamos al prójimo como a nosotros mismos por amor de Dios. [1822]

Dios es Amor y quien permanece en el amor permanece en Dios y Dios en él... Quien ama a Dios, ame también a su hermano (1 Jn 5,16.21).

¿Cómo vivimos por la caridad?

Vivimos por la caridad viviendo los dos grandes mandamientos: esto es, amando a Dios con todo nuestro corazón, alma, mente y fuerza, porque él merece nuestro amor, y amando a nuestro prójimo como a nosotros mismos por amor de Dios. En la práctica esto implica obedecer los mandamientos de Dios y de la Iglesia y cumplir las obras de misericordia. [1823-1827]

La caridad es paciente, es servicial; la caridad no es envidiosa, no es jactanciosa, no se engríe; es decorosa; no busca su interés; no se irrita; no toma en cuenta el mal; no se alegra con la injusticia; se alegra con la verdad. Todo lo excusa. Todo lo cree. Todo lo espera. Todo lo soporta (1 Co 13,4-7).

¿Qué son los dones del Espíritu Santo?

Los dones del Espíritu Santo son sabiduría, entendimiento, consejo, fortaleza, ciencia, piedad y temor del Señor. Estos dones nos preparan para recibir la gracia y hacen más fácil practicar las virtudes. Permanentemente nos disponen para ser receptivos de la inspiración del Espíritu Santo. [1830-1831]

Testificando también Dios con señales y prodigios, con toda suerte de milagros y dones del Espíritu Santo repartidos según su voluntad (Hb 2,4).

¿Qué es el don de sabiduría?

La sabiduría es el don que nos ayuda a amar las cosas espirituales, a poner a Dios en primer lugar en nuestras vidas y a juzgar lo que será útil y lo que será un obstáculo para alcanzar el cielo.

¿Qué es el don de entendimiento?

El don de entendimiento nos ayuda a ver con mayor profundidad las verdades que ya creemos por fe.

¿Qué es el don de consejo?

El don de consejo o recto juicio nos ayuda a escoger lo que es recto, incluso en circunstancias difíciles.

¿Qué es el don de fortaleza?

Fortaleza o valor es el don que nos ayuda a ser valientes y pacientes en las dificultades que se presentan y a cumplir nuestros deberes.

¿Qué es el don de ciencia?

Ciencia es el don que nos ayuda a evaluar las cosas creadas en relación con Dios y a verlas como instrumentos, no como fines.

¿Qué es el don de piedad?

La piedad es el don que nos ayuda a amar y reverenciar a Dios como nuestro Padre y a todas las personas como nuestros hermanos y hermanas, de tal manera que nuestro servicio a Dios y a los demás no sea una carga.

¿Qué es el don de temor del Señor?

El temor del Señor nos ayuda a respetar a Dios y a desear agradarle en todas las cosas. No es un temor de Dios, sino un temor de ofenderlo.

¿Qué son los frutos del Espíritu Santo?

Los frutos del Espíritu Santo son perfecciones que resultan de nuestra respuesta a los impulsos del Espíritu Santo para actuar bien (gracias actuales). Los doce frutos son caridad, alegría, paz, paciencia, amabilidad, bondad, generosidad, mansedumbre, fidelidad, modestia, dominio de sí y castidad. [1832]

El fruto del Espíritu es amor, alegría, paz, paciencia, afabilidad, bondad, fidelidad, mansedumbre, dominio de sí; contra tales cosas no hay ley. Si vivimos según el Espíritu, obremos también según el Espíritu (Ga 5,22.25).

¿Por qué cosas nos va a recompensar Dios?

Dios nos recompensará por todas nuestras victorias sobre la tentación y el pecado, por todas nuestras buenas obras y sacrificios hechos por amor a él, y por todos nuestros esfuerzos por estar más cerca de él.

Pecado personal

¿Qué es pecado?

Pecado es la desobediencia a Dios, una ofensa contra él. Es también, como afirma el *Catecismo de la Iglesia Católica,* "una falta contra la razón, la verdad, la conciencia recta; es faltar al amor verdadero para con Dios y para con el prójimo, a causa de un apego perverso a ciertos bienes". [1849-1850]

Todo el que comete pecado es un esclavo del pecado (Jn 8,34).

¿Qué es pecado actual?

Pecado actual es el pecado personal que cometemos. [1868]

Contra ti, contra ti solo, he pecado, lo malo a tus ojos cometí... (Sal 51,6).

¿Hay diferentes clases de pecado personal?

Hay dos clases de pecado personal o actual, el mortal y el venial. [1854]

Toda iniquidad es pecado, pero hay pecado que no es de muerte (1 Jn 5,17).

¿Qué es pecado mortal?

Pecado mortal es una ofensa grave contra la ley de Dios por medio de la cual preferimos algo creado en lugar de Dios. [1855]

Mortifiquen sus miembros terrenos: fornicación, impureza, pasiones, malos deseos y la codicia, que es una idolatría (Col 3,5).

¿Cómo podemos saber si un pecado es mortal?

Un pecado es mortal o grave cuando están presentes estas tres condiciones:

- *materia grave,* esto es, un mal grave o lo que se piensa que es gravemente malo;

- *pleno conocimiento,* esto es, antes y mientras se lo comete, la persona es consciente claramente de que eso es malo;
- *pleno consentimiento,* esto es, la persona libremente da total consentimiento a ello. [1857-1859]

¿Puede algo disminuir o aumentar nuestra responsabilidad por el pecado mortal?

Sí, la responsabilidad por el pecado mortal puede ser disminuida por "ignorancia involuntaria", pasiones, presiones exteriores y patologías. Una mayor responsabilidad es imputada a quien peca por malicia o dureza de corazón, o a alguien que pretende no conocer la gravedad del pecado. [1859-1860] (Léase Lc 16,19-31)

¿Cuáles son los efectos del pecado mortal?

Por el pecado mortal una persona se aleja de Dios y así pierde el don de la caridad y de la gracia santificante. El pecado mortal elimina el mérito de las buenas acciones que la persona ha hecho previamente y la priva del derecho a la felicidad eterna en el cielo. Un sincero arrepentimiento puede dar marcha atrás a estos efectos. [1861]

Puesto que Dios permite ciertas tentaciones, ¿es Dios responsable por el pecado personal?

Dios no es responsable por el pecado personal porque él es todo bondad y santidad, y a todo el que reza, Dios siempre le proporciona la gracia suficiente para superar las tentaciones.

No digas: "Por el Señor me he apartado", que lo que él detesta, no lo hace. No digas: "Él me ha extraviado" (Si 15,11-12).

¿Qué es pecado venial?

Un pecado es venial cuando falta alguna de las condiciones para un pecado mortal. Por ejemplo, el pensamiento, deseo, palabra, acción u omisión es malo pero no tan gravemente, o es gravemente malo pero una persona no ve claramente eso, o no consiente totalmente en eso. [1862]

¿Cuáles son los efectos del pecado venial?

El pecado venial disminuye nuestra caridad y debilita nuestra práctica de la fe Católica. Nos hace más débiles cuando enfrentamos las tentaciones de un pecado mortal y obstaculiza nuestro crecimiento espiritual. [1863]

¿Debemos evitar los pecados veniales?

Aunque no destruyen la vida de gracia, debemos evitar los pecados veniales porque son una ofensa a Dios y debilitan nuestra amistad con él. Ellos desvían nuestros corazones de Dios y en su lugar los orientan hacia algunos bienes creados, lo que hace más fácil cometer pecados más graves. [1863]

¿Qué son pecados de omisión?

Pecados de omisión son el no hacer algo que deberíamos haber hecho.

¿Los pecados de omisión son mortales o veniales?

Los pecados de omisión pueden ser mortales o veniales, dependiendo de lo que hemos dejado de hacer.

¿Cuáles son las razones principales por las cuales la gente comete el pecado?

Las razones principales por las cuales la gente comete el pecado se pueden encontrar en los siete pecados capitales. [1866]

¿Cuáles son los siete pecados capitales?

Los siete pecados capitales son:

- orgullo – autoestima desordenada o incontrolada;
- avaricia (o codicia) – un excesivo deseo de los bienes creados;
- envidia – tristeza por la buena fortuna del otro;
- lujuria – deseo sexual incontrolado;
- ira (o cólera) – una fuerte e incontrolada pasión de disgusto;
- gula (glotonería) – excesiva indulgencia en comida o bebida;

- pereza – holgazanería espiritual, mental o física que hace que uno descuide sus deberes. [1866]

Acérquense a Dios y él se acercará a ustedes (St 4,8).

¿Cuáles son los "pecados que claman al cielo"?

Los pecados que claman al cielo son:

- asesinato voluntario

Se oye la sangre de tu hermano clamar a mí desde el suelo (Gn 4,10).

- sodomía

El clamor de Sodoma y Gomorra es grande y su pecado es gravísimo... (Gn 18,20).

- sacar ventaja del pobre

El clamor de los israelitas ha llegado hasta mí y he visto además la opresión con que los egipcios los oprimen (Ex 3,9);

- opresión de los extranjeros, viudas y huérfanos

No maltratarás al forastero, ni le oprimirás, pues forasteros fueron ustedes en el país de Egipto. No vejarás a viuda ni a huérfano. Si le vejas y clama a mí, no dejaré de oír su clamor (Ex 22, 20-22).

- injusticia con el trabajador [1867]

Miren: el salario que no han pagado a los obreros que segaron sus campos está gritando (St 5,4).

¿Qué son los pecados contra el Espíritu Santo?

Los pecados contra el Espíritu Santo son desesperación de la propia salvación, presunción de salvarse a sí mismo sin mérito ni arrepentimiento, resistencia a la verdad conocida, envidia de las gracias recibidas por otros, obstinación en los pecados propios, y la impenitencia final. [1864]

Todo pecudo y blasfemia se perdonará a los hombres, pero la blasfemia contra el Espíritu no será perdonada (Mt 12,31).

¿Qué es una ocasión de pecado?

Una ocasión de pecado es cualquier circunstancia (persona, lugar, cosa) que induce a uno al pecado.

¿Compartimos alguna vez la responsabilidad por el pecado de otra persona?

Aunque el pecado es un acto personal, compartimos la responsabilidad por el pecado de otra persona si cooperamos con ella de alguna de las siguientes maneras:

- tomando parte en el pecado de manera directa y libre;
- por nuestro consejo, estímulo o aprobación;
- al no denunciarlos o tratar de detenerlos cuando estamos obligados a hacerlo;
- protegiéndolos u ocultándolos. [1868]

Para el mal sus dos manos adiestran: el príncipe exige, y también el juez recompensa; el grande habla de la codicia de su alma y él y ellos lo urden (Mi 7,3).

¿Qué es pecado social?

El pecado social se presenta cuando las personas imitan o cooperan unos con otros permitiendo y promoviendo el pecado. Eso es evidente con frecuencia en lo que se hace socialmente aceptable o lo que es institucionalizado en la estructura social o las leyes. Algunos ejemplos serían la esclavitud, el trabajo infantil, la despreocupación por el pobre o el marginado. [1869]

¿Qué es la falsa teoría llamada "moral de situación"?

La moral de situación enseña que no hay un código fijo de moral dado por el Creador a los seres humanos. Sostiene que los individuos deben hacer opciones morales de acuerdo con una situación particular – esto es, lo que sea correcto o mejor para *mí* en este momento. El *Catecismo de la Iglesia Católica* establece: "Hay actos que, por sí y en sí mismos, independientemente de las circunstancias y de las intenciones, son siempre gravemente ilícitos por razón de su objeto; por ejemplo, la blasfemia y el perjurio, el homicidio y el adulterio". [1756]

¿Qué es la teoría de la "opción fundamental"?

La teoría de la "opción fundamental" enseña que una persona buena puede hacer algo considerado gravemente pecaminoso, y sin embargo esa acción particular no es gravemente pecaminosa para él o para ella. Esto se daría porque la elección básica de la persona o su opción fundamental es por Dios y por el bien. La teoría sostiene que un acto gravemente pecaminoso (un pecado mortal) no es suficiente para separar a una persona de Dios; se necesitaría una serie de actos gravemente prohibidos para probar que la opción de esa persona ha cambiado. Esta enseñanza es falsa. No es eso lo que la Iglesia enseña acerca del pecado, la voluntad libre y la responsabilidad personal para cada una de las acciones de una persona.

Los Diez Mandamientos

¿Cuáles son los mandamientos de Dios?

Los mandamientos de Dios son estos diez:

Yo soy el Señor su Dios:

1. No tendrán otros dioses fuera de mí.
2. No tomarán el nombre del Señor su Dios en vano.
3. Acuérdense de santificar el día del Señor.
4. Honren a su padre y a su madre.
5. No matarán.
6. No cometerán adulterio.
7. No robarán.
8. No darán falso testimonio contra su prójimo.

9. No desearán la mujer de su prójimo.
10. No desearán los bienes de su prójimo (cf. Ex 20, 1-17)

¿Cuál es el origen de los Diez Mandamientos?

Los Diez Mandamientos fueron introducidos como el Decálogo ("diez palabras") en los libros del Éxodo y el Deuteronomio. El Señor los dio a Moisés para entregarlos al pueblo como el compromiso de la alianza. [2056-2061]

Yahveh nuestro Dios ha concluido con nosotros una alianza en el Horeb (Dt 5,2).

¿Son todavía importantes los Diez Mandamientos?

Sí. Jesús subrayó su importancia ante sus seguidores, porque ellos expresan cómo debe ser nuestro comportamiento como hijos de Dios. Observarlos es nuestra respuesta al amor permanente de Dios hacia nosotros. [2062, 2064-2068]

Si quieres entrar en la vida, guarda los mandamientos (Mt 19,17).

¿Es aceptable observar la mayoría, pero no todos los mandamientos?

No podemos escoger el observar solamente algunos de los mandamientos. Todos ellos son igualmente palabras de Dios que nos las reveló para nuestro bien. Forman una unidad; negarnos a observar uno solo es actuar contra todos ellos. [2069]

Porque quien observa toda la Ley , pero falta en un solo precepto, se hace reo de todos (St 2,10).

¿Es cierto que los Diez Mandamientos están escritos en nuestros corazones?

Sí, los Diez Mandamientos están escritos en nuestros corazones. Ellos indican claramente los derechos y deberes que tenemos para con Dios y unos para con los otros, los cuales son reconocidos naturalmente por nuestra conciencia. [2070-2071]

¿Se pueden observar los Diez Mandamientos de Dios?

Aunque los Diez Mandamientos contienen graves obligaciones y nos enfrentamos a fuertes tentaciones contra ellos, la gracia para observarlos está siempre a disposición del corazón sincero. [2072]

Si quieres, observarás los mandamientos; de ti depende el permanecer fiel (Si 15,14-15). (Traducción de la *Biblia de América.* Nota del Traductor).

¿Cómo se dividen los Diez Mandamientos?

Los tres primeros nos muestran la manera de amar a Dios; los otros siete, cómo amar a nuestro prójimo.

¿Qué dice san Pablo acerca de los Diez Mandamientos?

San Pablo dice esto:

Con nadie tengas otra deuda que la del mutuo amor. Pues el que ama al prójimo, ha cumplido la ley. En efecto, lo de: No adulterarás, no matarás, no robarás, no codiciarás y todos los demás preceptos, se resumen en esta fórmula: Amarás a tu prójimo como a ti mismo (Rm 13,8-9).

¿Cómo resumió Jesús los Diez Mandamientos?

Cuando le preguntaron cuál de los mandamientos era el más importante, Jesús los resumió en estas palabras:

Amarás al Señor, tu Dios, con todo tu corazón, con toda tu alma y con toda tu mente. Éste es el mayor y el primer mandamiento. El segundo es semejante a éste: Amarás a tu prójimo como a ti mismo. De estos dos mandamientos penden toda la Ley y los Profetas (Mt 22,37-40).

Primer mandamiento

¿Cuál es el primer mandamiento de Dios?

El primer mandamiento de Dios es:

No habrá para ti otros dioses delante de mí (Dt 5,7).
No vayan en pos de otros dioses... porque un Dios celoso es Yahveh tu Dios que está en medio de ti (Dt 6,14-15).

¿Qué dijo Jesús acerca del primer mandamiento?

Jesús dijo:

Porque está escrito: Al Señor tu Dios adorarás, y sólo a él darás culto (Mt 4,10).

¿Qué exige de nosotros el primer mandamiento?

El primer mandamiento exige de nosotros que amemos a Dios sobre todas las cosas, le sirvamos y adoremos sólo a Él. Adorar a Dios significa darle culto como a nuestro soberano Creador y Señor, evitando los pecados de idolatría y sacrilegio. [2096-2097]

Adorarás al Señor tu Dios y sólo a él darás culto (Lc 4,8).

¿Cómo practicamos nuestra fe?

Practicamos nuestra fe creyendo en Dios y en todo lo que Él ha revelado, y dando testimonio de nuestra fe por la manera como vivimos. Una fe fuerte nos invita a hacer todo esfuerzo por desarrollar y crecer en ella. [2087-2088]

Por quien recibimos la gracia y el apostolado, para predicar la obediencia de la fe a gloria de su nombre entre todos los gentiles (Rm 1,5).

¿Cómo puede un católico pecar contra la fe?

Un Católico peca contra la fe adhiriendo a una iglesia no Católica, negando una verdad de fe o siendo indiferente frente a la religión Católica. [2088-2089]

Pasos para una buena confesión
1. Examen de conciencia.
2. Arrepentimiento de haber pecado.
3. Propósito de no volver a pecar.
4. Confesar los pecados al sacerdote.
5. Recibir la absolución y cumplir la penitencia.

Alma de Cristo

Alma de Cristo, santifícame.
Cuerpo de Cristo, sálvame.
Sangre de Cristo, embriágame.
Agua del costado de Cristo, lávame.
Pasión de Cristo, confórtame.

¡Oh, buen Jesús!, óyeme.
Dentro de tus llagas, escóndeme.
No permitas que me aparte de ti.
Del maligno enemigo, defiéndeme.
En la hora de mi muerte, llámame.
Y mándame ir a ti.
Para que con tus santos te alabe.
Por los siglos de los siglos. Amén.

San Ignacio de Loyola

Combate el buen combate, conservando la fe y la conciencia recta; algunos, por haberla rechazado, naufragaron en la fe (1 Tm 1,18-19).

¿Qué es herejía?

Herejía es la negación deliberada de una verdad de fe. [2089]

¿Qué es apostasía?

Apostasía es un rechazo completo de la fe Cristiana por parte de un Católico bautizado. [2089]

¿Qué significa esperar?

Necesitamos la gracia de Dios para vivir una vida buena. Debemos esperar confiadamente sus continuas bendiciones hasta que entremos a su presencia. [2090]

¡Valor, que su corazón se afirme, ustedes todos que esperan en Yahveh! (Sal 31,24).

¿En qué forma pecamos contra la esperanza?

Podemos pecar contra la esperanza por presunción y desespero.

No nos cansemos de obrar el bien: que a su tiempo nos vendrá la cosecha si no desfallecemos (Ga 6,9).

¿Qué es presunción?

Presunción es el pecado de esperar que Dios nos salve sin ningún esfuerzo de nuestra parte, o presumiendo que no necesitamos la ayuda de Dios para alcanzar el cielo. [2092]

En lugar de decir: Si el Señor quiere viviremos y haremos esto o aquello. Pero ahora se jactan en su fanfarronería (St 4,15-16).

¿Qué es desesperación?

Desesperación es el pecado de rehusar creer que Dios dará a cada uno la ayuda necesaria para alcanzar la salvación. Desesperación es un acto de la voluntad, que no se debe confundir con sentimientos de depresión o ansiedad. [2091]

Atribulados en todo, mas no aplastados; perplejos, mas no desesperados (2 Co 4,8).

¿Le debemos amor a Dios?

Nuestra fe en el amor de Dios exige una respuesta de amor. Amamos a Dios sobre todos los demás y los amamos a ellos por amor a Él. [2093]

Y ahora, Israel, ¿qué te pide tu Dios, sino que temas a Yahveh tu Dios, que sigas sus caminos, que le ames, que sirvas a Yahveh tu Dios con todo tu corazón y con toda tu alma... (Dt 10,12).

¿En qué forma pecamos contra el amor?

Pecamos contra el amor de varias maneras: por odiar a Dios o a nuestro prójimo, por envidia, pereza, ingratitud, dando escándalo, etc. [2094]

No odies en tu corazón a tu hermano, pero corrige a tu prójimo, para que no te cargues con pecado por su causa. No te vengarás ni guardarás rencor contra los hijos de tu pueblo. Amarás a tu prójimo como a ti mismo. Yo, Yahveh (Lv 19,17-18).

¿Qué es adoración?

Adoración es el culto que damos únicamente a Dios porque es infinitamente santo y el Bien Supremo. [2096-2097]

Escucha, Israel, Yahveh nuestro Dios es el único Yahveh. Amarás a Yahveh tu Dios con todo tu corazón, con toda tu alma y con toda tu fuerza (Dt 6,4-5).

¿Cómo damos culto a Dios?

Damos culto a Dios con la oración pública y privada, especialmente la Misa o la Celebración Eucarística, y con actos de fe, esperanza y caridad. [2098]

¿Cuáles son las razones principales para orar?

Las razones principales para orar son adorar a Dios, darle gracias, pedir su perdón y reparar por el pecado, y pedir su ayuda para nosotros mismos y para otros. [2098]

Les decía una parábola para inculcarles que era preciso orar siempre sin desfallecer... (Lc 18,1).

¿El sacrificio es una forma de oración?

El sacrificio es un signo de nuestra oración, adoración, acción de gracias, contrición o súplica. Unimos nuestros sacrificios al único verdadero e indispensable sacrificio de Jesús sobre la cruz. [2099-2100]

¡La sangre de Cristo, que por el Espíritu Eterno se ofreció a sí mismo sin tacha a Dios, purificará de las obras muertas nuestra conciencia para rendir culto a Dios vivo! (Hb 9,14)

¿Qué es un voto?

Un voto es una promesa libre y deliberada hecha a Dios. Es "un acto de devoción en el que el cristiano se consagra a Dios o le promete una obra buena". [2102]

Lo que salga de tus labios lo mantendrás, y cumplirás el voto que has hecho voluntariamente a Yahveh tu Dios, lo que has dicho con tu propia boca (Dt 23,24).

¿Cuántas clases de votos hay?

Hay dos clases de votos: votos públicos que son aceptados en nombre de la Iglesia por un superior religioso legítimo, y votos privados que un individuo hace directamente a Dios.

¿Qué votos hace un religioso?

Un religioso hace tres votos: castidad (no casarse), pobreza (renunciar a la posesión de bienes materiales), y obediencia (obedecer a sus superiores, que hacen las veces de Dios). Esos votos son llamados consejos evangélicos. [2103]

¿Hacemos promesas a Dios?

Hacemos promesas a Dios, tales como las promesas bautismales, o las promesas hechas en el Matrimonio o en las Órdenes Sagradas. Algunas personas también hacen promesas de cumplir algún acto religioso: una peregrinación, apoyar una buena obra, algunas oraciones, etc. Son actos hechos por amor y respeto a la bondad de Dios. [2101]

¿Podemos dejar de cumplir nuestros votos?

No podemos dejar de cumplir nuestros votos. Hacer eso sería pecado, más o menos grave, de acuerdo con la naturaleza del voto y la intención que tuvimos cuando lo hicimos.

¿Podemos ser dispensados de votos y promesas?

La Iglesia puede dispensar de votos y promesas por razones serias, y a veces lo hace de hecho. La persona que busca una dispensa debe acudir a la autoridad religiosa o eclesial apropiada. [2103]

¿La libertad religiosa es un derecho?

Sí, toda persona tiene el derecho de expresar libremente sus convicciones religiosas de acuerdo con su conciencia. Nadie puede restringir o interferir el ejercicio de ese derecho, porque está basado en el deber que cada persona tiene de adorar a Dios individualmente y con la comunidad. [2104-2109]

¿Qué es idolatría?

Idolatría es dar a una creatura (otro ser humano, el demonio, un objeto creado, el dinero, el poder, el placer) el honor supremo que se debe solamente a Dios. [2112-2114]

No pueden servir a Dios y al dinero (Mt 6,24).

¿Qué es superstición?

Superstición es dejar de dar a Dios el honor que le es debido poniendo excesiva confianza en prácticas externas o en objetos religiosos. [2111]

¿De qué otras maneras podemos fallar en el honor a Dios?

Deshonramos a Dios cuando atribuimos a las creaturas poderes que pertenecen solamente a Dios, cuando creemos en horóscopos, sueños, cristales, encantamientos y cosas similares; consultamos a espiritistas; usamos la magia; practicamos el satanismo, que es invocar al demonio. [2115-2117]

No ha de haber en ti nadie... que practique adivinación, astrología, hechicería o magia, ningún encantador ni consultor de espectros o adivinos, ni evocador de muertos. Porque todo el que hace estas cosas es una abominación para Yahveh, tu Dios... (Dt 18,10-12).

¿Cuáles son los principales pecados de irreligión?

Los principales pecados de irreligión son:

- *tentar a Dios,* que es ponerlo a prueba por palabras o actos, desafiando el poder de Dios o su cuidado amoroso; [2119]
- *sacrilegio,* que es abusar de una persona, lugar u objeto consagrado a Dios y a su servicio; [2120]
- *simonía,* que es comprar o vender cosas espirituales. [2121]

¿Es simonía dar dinero para hacer ofrecer Misas?

No es simonía dar dinero para hacer ofrecer Misas, porque el dinero no está comprando el sacramento. Es una ofrenda de cortesía usada para cubrir los gastos y no se exige de los pobres. [2122]

El obrero merece su sustento (Mt 10,10).

¿Quién es un ateo?

Un ateo es una persona que proclama que no hay Dios o al menos vive como si Dios no existiese. [2123-2126]

¿Quién es un agnóstico?

Un agnóstico es una persona que piensa que no podemos saber si Dios existe. [2127]

Porque lo invisible de Dios, desde la creación del mundo, se deja ver a la inteligencia a través de sus obras: su poder eterno y su divinidad, de forma que son inexcusables (Rm 1,20).

¿Qué es indiferentismo?
Indiferentismo es la idea de que la religión no es importante o la creencia de que una religión es tan buena como otra. [2128]

¿Qué es infidelidad?
Infidelidad es incredulidad o deslealtad, en este caso, para con Dios.

¿Cómo podemos ayudar a llevar a los incrédulos hasta Dios?
Podemos ayudar a llevar a los incrédulos a Dios por medio de la oración, por el testimonio de nuestras vidas, y siendo Católicos informados que desean compartir su conocimiento de la fe con otros.

Al venerar reliquias e imágenes sagradas, ¿oramos a ellas o las adoramos?
Nosotros no oramos ni adoramos reliquias ni imágenes sagradas, sino que honramos y oramos a las personas a quienes ellas representan [2129-2132]

Segundo mandamiento

¿Cuál es el segundo mandamiento de Dios?
El segundo mandamiento de Dios es:

No tomarás en falso el nombre de Yahveh, tu Dios (Ex 20,7).

¿Qué dijo Jesús acerca del segundo mandamiento?
Jesús dijo:

Han oído también que se dijo... "No perjurarás"... Pues yo les digo que no juren en modo alguno... (Mt 5,33-34).

¿Qué exige de nosotros el segundo mandamiento?

El segundo mandamiento nos exige hablar siempre con reverencia de Dios, respetar su nombre y todo lo que es sagrado. [2142-2144]

Bendito sea el nombre de Yahveh, desde ahora y por siempre (Sal 113,2).

¿Qué prohíbe el segundo mandamiento?

El segundo mandamiento prohíbe usar de manera impropia los nombres de Dios, Jesucristo, la Virgen María, los ángeles y los santos. [2146]

¿Qué más exige de nosotros el segundo mandamiento?

El segundo mandamiento también nos exige ser verídicos al prestar juramento y fieles para cumplir los votos. [2145]

No juren ni por el cielo ni por la tierra, ni por ninguna otra cosa. Que su sí sea sí, y el no, no; para no incurrir en juicio (St 5,12).

¿Por qué debemos hablar con respeto de las personas, lugares y objetos sagrados?

Las personas, lugares y objetos sagrados exigen respeto y reverencia porque están consagrados a Dios.

¿Se pueden usar alguna vez las palabras de la Sagrada Escritura en un sentido malo o irrespetuoso?

Las palabras de la Sagrada Escritura nunca se pueden usar en un sentido malo o irrespetuoso. Tampoco se les debe ridiculizar, usar para chistes ni darles otro significado que el que creemos que Dios les dio.

¿Qué es blasfemia?

Blasfemia es toda palabra, pensamiento o acto que muestra desprecio por Dios, la Santísima Virgen, los ángeles, los santos o la religión. [2148]

Cualquier hombre que maldiga a su Dios, cargará con su pecado (Lv 24,15).

¿Cuáles son las dos condiciones para que se dé la blasfemia?

Las dos condiciones para que se dé la blasfemia son: 1) conocimiento de Dios y de las cosas sagradas; 2) desprecio deliberado de ellos.

¿Qué es maldecir?

Maldecir es invocar el mal sobre alguna persona, lugar u objeto.

¿Maldecir animales u objetos inanimados es pecado?

Maldecir animales u objetos inanimados es pecado por causa de la falta de virtud mostrada en la ira o impaciencia incontroladas.

¿Maldecir a otra persona con mal moral o físico es pecado?

Maldecir a otra persona con mal moral o físico es siempre pecado, según el grado de intención al desear el mal.

¿Qué es impiedad?

Impiedad es el uso irreverente del nombre de Dios, Cristo o los santos por impaciencia, burla, sorpresa o hábito. [2148-2150]

¿Qué es un juramento?

Un juramento es una declaración delante de Dios de que lo que decimos es verdad. [2149]

Los hombres juran por uno superior y entre ellos el juramento es la garantía que pone fin a todo litigio (Hb 6,16).

¿Es legítimo hacer un juramento?

Es legítimo hacer un juramento, porque eso es una garantía de la verdad. Eso se exige en un tribunal. [2153-2154]

A Yahvé tu Dios temerás, a él le servirás, por su nombre jurarás (Dt 6,13).

¿Qué condiciones hacen legítimo un juramento?

Las condiciones que hacen legítimo un juramento son: razón suficiente para hacer un juramento, convicción de que estamos diciendo la verdad, y tener una buena intención, no una pecaminosa, al hacer el juramento.

Jurarías "¡Por vida de Yahveh!" con verdad, con derecho y con justicia, y se bendecirían por él las naciones, y por él se alabarían (Jr 4,2).

¿Cuándo se puede hacer un juramento?

Se puede hacer un juramento cuando está implicada la gloria de Dios, el bien de nuestro prójimo o nuestro propio bien personal.

¿Un juramento o voto ilícito nos obliga?

Un juramento o voto ilícito no nos obliga. Esos juramentos o votos no se deben hacer y cumplirlos es pecado porque son abusos del nombre de Dios para sostener una mentira. [2151]

¿Qué es perjurio?

Perjurio es invocar a Dios como testigo de una mentira. También se comete perjurio cuando, estando bajo juramento, uno afirma con certeza algo que desconoce o que le es dudoso. [2152]

No jurarán en falso por mi nombre; profanarías el nombre de tu Dios. Yo, Yahveh (Lv 19,12).

¿El nombre de cristiano es también santo?

Sí, el nombre "Cristiano" es santo porque hace relación a Jesús, el Santo de Dios. El nombre individual de un Cristiano es también santo porque fue recibido en el nombre de la Trinidad en el Bautismo. [2156-2159]

Seguí mirando, y había un Cordero, que estaba en pie sobre el monte Sión, y con él ciento cuarenta y cuatro mil, que llevaban escrito en la frente el nombre del Cordero y el nombre de su Padre (Ap 14,1).

Tercer mandamiento

¿Cuál es el tercer mandamiento de Dios?

El tercer mandamiento de Dios es:

Recuerda el día del sábado para santificarlo... pues en seis días hizo Yahveh el cielo y la tierra, el mar y todo cuanto contienen, y el séptimo descansó; por eso bendijo Yahveh el día del sábado y lo hizo sagrado (Ex 20,8-11).

¿Qué dijo Jesús acerca del tercer mandamiento?

Jesús dijo:

El sábado ha sido instituido para el hombre y no el hombre para el sábado. De suerte que el Hijo del hombre también es señor del sábado (Mc 2,27-28).

¿Qué nos exige el tercer mandamiento?

El tercer mandamiento nos exige celebrar la santidad del Día del Señor guardándolo como día de descanso. Como dice el *Catecismo de la Iglesia Católica:* "El sábado es para el Señor, santamente reservado a la alabanza de Dios, de su obra de creación y de sus acciones salvíficas a favor de Israel". [2171]
(Lo que se dice en esta sección acerca de los Domingos, se aplica también a los días santos de precepto).

Seis días se trabajará; pero el día séptimo será día de descanso completo, consagrado al Señor (Ex 31,15).

¿Qué nos pide evitar el tercer mandamiento?

Debemos abstenernos de trabajo o negocio que nos impediría dar culto a Dios, la alegría que es propia del Día del Señor o el descanso necesario de mente y de cuerpo. [2185]

Y el día séptimo descansó y tomó respiro (Ex 31,17).

¿Es necesario dar culto a Dios?

Sí, el culto a Dios es un deber inscrito en el corazón humano. Por gratitud a la bondad y a la providencia de Dios, debemos darle culto público y comunitario. El descanso del domingo es la oportunidad natural porque es el día que dedicamos a Dios. [2176]

Sin abandonar su propia asamblea, como algunos acostumbran hacerlo, antes bien, animándose (Hb 10,25).

¿Por qué los cristianos celebran el domingo y no el sábado?

Los Cristianos celebran el Domingo porque es el día de la resurrección de Cristo, el día en que comenzó la nueva creación, una nueva alianza con nosotros. [2174-2175]

Pasado el sábado, al alborear el primer día de la semana, María Magdalena y la otra María fueron a ver el sepulcro (Mt 28,1).

¿Los católicos están obligados a participar en la Misa los domingos?

La Ley de la Iglesia obliga a los católicos a participar en la Misa los domingos y los días santos (o en la tarde anterior). Omitir la Misa deliberadamente es un pecado grave. Para estar eximido de asistir se requiere una razón de peso, como una enfermedad grave o un grave inconveniente o tener la dispensa del propio pastor. [2180-2181]

¿Por qué es espiritualmente imprudente eximirnos fácilmente de la Misa dominical?

Es espiritualmente imprudente eximirnos a nosotros mismos de la Misa dominical porque las gracias que necesitamos para vivir una vida cristiana fervorosa nos vienen a través de la Misa. [2182]

¿Quiénes están exentos de participar en la Misa del domingo o del día festivo?

Algunos de los que están exentos de participar en la Misa del Domingo o del día festivo son los enfermos y los que cuidan de ellos, los que viven a gran distancia de una Iglesia Católica, los que tienen un trabajo urgente (policías, bomberos, personal médico en turno, etc.) y los que son afectados por dificultades temporales como el clima. Cada uno puede libremente consultar con un sacerdote acerca de su situación particular y es bueno que así lo haga. [2181]

¿Qué es la Misa?

La Misa es el sacrificio del Calvario hecho presente sobre nuestros altares de manera que podamos participar de los beneficios de la redención; es un memorial de la muerte y resurrección de Cristo y un banquete sagrado en el que Cristo es recibido. (Ver toda la sección sobre la Eucaristía, pp. 99-116)

¿Cuál es la mejor manera de participar en la Misa?

La mejor manera de participar en la Misa es ofrecerla a Dios en unión con el sacerdote y con toda la comunidad de fe, uniéndose uno mismo interior y exteriormente con Cristo, la víctima, y recibiéndolo en la Sagrada Comunión.

¿Cómo se expresa la unidad del pueblo de Dios en la Misa?

La unidad del pueblo de Dios es expresada por las acciones de los fieles que oran, cantan y actúan juntos en la Misa. De manera especial es expresada por la recepción de la Sagrada Eucaristía que es el centro de la unidad.

¿No podemos dar culto a Dios en nuestros propios corazones en lugar de participar en la Misa?

El culto interior no es suficiente, porque Dios nos creó como seres sociales. Nuestra unidad en la Iglesia pide que demos culto con la comunidad.

¿Qué actividades son especialmente recomendables para hacer del domingo un día santo?

Leer un buen libro, hacer obras de caridad, cultivar nuestros intereses culturales y disfrutar de una recreación saludable son algunas actividades recomendables para los domingos. [2186]

Cuarto mandamiento

¿Cuál es el cuarto mandamiento de Dios?

El cuarto mandamiento de Dios es:

Honra a tu padre y a tu madre, para que se prolonguen tus días sobre la tierra que Yahveh, tu Dios, te va a dar (Ex 20,12).

¿Qué enseña Jesús acerca del cuarto mandamiento?

Jesús vivió este mandamiento:

Bajó con ellos y vino a Nazaret, y vivía sujeto a ellos (Lc 2,51).

¿Qué nos exige el cuarto mandamiento?

El cuarto mandamiento nos obliga a amar a nuestros padres, a respetarlos y obedecerles en todo lo que no sea contrario a la ley de Dios y a ayudarlos en sus necesidades. Eso presupone que los padres y todos los demás constituidos en autoridad cumplirán sus deberes con justicia. [2197]

¿Qué prohíbe el cuarto mandamiento?

El cuarto mandamiento prohíbe toda falta de respeto, de amabilidad, terquedad, malevolencia, odio y desobediencia para con los padres y las autoridades legales.

¿Cuál es la fuente de la autoridad de los padres?

Dios mismo es la fuente de la autoridad de los padres, de manera que los hijos tienen una estricta obligación moral de obedecer a sus padres y cuidar de ellos. [2214]

Acuérdate, hijo, de que ella (tu madre) pasó muchos trabajos por ti cuando te llevaba en su seno (Tb 4,4).

¿Cómo muestran los hijos amor y respeto hacia sus padres?

Los hijos muestran amor y respeto hacia sus padres cuando les dan gratitud, amor y cuidado, aceptan de buena gana las correcciones, procuran su consejo en decisiones importantes, soportan pacientemente las faltas de sus padres y oran por ellos. [2215-2216]

Con todo tu corazón honra a tu padre, y no olvides los dolores de tu madre. Recuerda que por ellos has nacido, ¿cómo les pagarás lo que contigo han hecho? (Si 7,27-28).

¿Estamos obligados a respetar y obedecer a otras personas además de nuestros padres?

Además de nuestros padres, el cuarto mandamiento nos obliga a respetar y obedecer a nuestros maestros y superiores legales, civiles y eclesiásticos, cuando cumplen sus deberes oficiales en conformidad con la ley de Dios. También debemos gratitud particular a los abuelos, padrinos, miembros de la familia, pastores y amigos. [2199-2220]

Sométanse todos a las autoridades constituidas, pues no hay autoridad que no provenga de Dios, y las que existen, por Dios han sido constituidas. De modo que, quien se opone a la autoridad, se rebela contra el orden divino, y los rebeldes se atraerán sobre sí mismos la condenación (Rm 13,1-2).

¿Están obligados los hijos a obedecer a sus padres en la elección de su estado de vida?

Ordinariamente los hijos deben pedir el consejo de sus padres acerca de su elección de estado de vida, pero son libres para tomar sus propias decisiones. Los padres no deben forzar a sus hijos en este campo, sino animarlos a aceptar el llamado del Señor, sea para el matrimonio, la vida celibataria, el sacerdocio o la vida religiosa. [2230, 2232-2233]

El que ama a su padre o a su madre más que a mí, no es digno de mí; el que ama a su hijo o a su hija más que a mí, no es digno de mí (Mt 10,37).

¿Qué deberes tienen los adultos para con sus padres?

Los adultos continúan con el deber de amar y respetar a sus padres. Si es posible, los hijos ya criados deben ayudar material y moralmente a sus padres necesitados, especialmente en la vejez, enfermedad u otras dificultades. [2218]

Porque el honor de un hombre está en la honra de su padre, y la verguenza de los hijos, en la deshonra de la madre. (Si 3,11).

¿Cuáles son los deberes de los padres para con sus hijos?

Los padres deben amar a sus hijos, hacerlos bautizar, estar atentos a sus necesidades emocionales, espirituales y físicas, instruirlos y darles una educación cristiana, entrenarlos con palabras y ejemplos en la práctica de la virtud cristiana, y aconsejarlos y guiarlos en la formación de una conciencia moral correcta. [2221-2229]

Padres, no exasperen a sus hijos, sino fórmenlos más bien mediante la instrucción y la corrección según el Señor (Ef 6,4).

¿Cómo pueden los padres fortalecer la unidad familiar?

Los padres pueden fortalecer la unidad familiar por medio de la oración en familia, amándose mutuamente y amando a sus hijos. [2226]

¿Estamos obligados a obedecer las leyes civiles cuando son contrarias a la ley de Dios?

Si la ley civil obliga a los ciudadanos a violar la ley de Dios, ellos deben negarse a obedecerla. [2242]

Hay que obedecer a Dios antes que a los hombres (Hch 5,29).

¿Cuáles son los deberes de los ciudadanos para con su país?

Los principales deberes de los ciudadanos para con su país son respetar la autoridad civil y obedecer las leyes justas, esto es, cumplir conscientemente todos los deberes civiles [2239]

Pues bien, lo del César devuélvanselo al César, y lo de Dios a Dios (Lc 20,25).

¿Cuáles son los principales deberes civiles?

Los principales deberes civiles son pagar los impuestos; defender el propio país, inclusive al precio de la propia vida; cumplir el deber personal de votar; trabajar en pro de leyes que protejan la moral cristiana y el bien común y apoyarlas. En la medida de lo posible, los Católicos deben votar por personas cuyas creencias y programas son verdaderamente benéficos para todos. [2240]

Den a cada cual lo que se le debe: a quien impuestos, impuestos; a quien tributo, tributo; a quien respeto, respeto; a quien honor, honor (Rm 13,7).

Quinto mandamiento

¿Cuál es el quinto mandamiento de Dios?

El quinto mandamiento de Dios es:

No matarás (Ex 20,13).

¿Qué dijo Jesús acerca del quinto mandamiento?

Jesús dijo:

Han oído que se dijo a los antepasados: "No matarás"; y aquel que mate será reo ante el tribunal. Pues yo les digo: Todo aquel que se encolerice contra su hermano, será reo ante el tribunal; pero el que llame a su hermano "imbécil", será reo ante el Sanedrín; y el que le llame "renegado", será reo de la gehenna de fuego (Mt 5,21-22).

¿Qué nos exige el quinto mandamiento?

El quinto mandamiento nos exige respetar el carácter sagrado de la vida humana en todos sus niveles y cuidar debidamente de nuestra propia vida y de la vida de los demás. [2258]

Tiene en su mano el alma (la vida) de todo ser viviente y el soplo de toda carne de hombre (Job 12,10).

¿Tenemos que respetar a todas las personas?

Todas las personas merecen respeto porque fueron creadas a imagen y semejanza de Dios, han sido redimidas por Cristo y están destinadas a la vida eterna. Toda clase de prejuicios debe ser superada y eliminada como contraria al plan de Dios y a la dignidad humana.

Éste es el mandamiento, como lo han oído desde el comienzo: que vivan en el amor (2 Jn 6).

¿Cuáles son los principales crímenes cometidos contra la vida y la dignidad humana?

Algunos de los principales crímenes cometidos contra la vida y la dignidad humana son toda clase de asesinato como aborto, eutanasia o "muerte misericordiosa", suicidio culpable, mutilación y esterilización del cuerpo humano sin razón grave, tortura y lavado cerebral, condiciones indecentes de vida y de trabajo, encarcelamiento forzoso de gente inocente, deportación de su propio país, esclavitud, y venta de hombres, mujeres y niños.

¿Qué es asesinato?

Asesinato es dar muerte de manera directa y voluntaria. Los asesinos y los que cooperan con ellos cometen pecado grave, como también todo el que indirectamente contribuye a la muerte de otro. [2268-2269]

Pero... los asesinos... tendrán su parte en el lago que arde con fuego y azufre: que es la muerte segunda (Ap 21,8).

¿El mandamiento "no matarás" se aplica a toda vida humana inocente?

Este mandamiento se aplica a toda vida humana inocente, incluso la del niño aún no nacido, que tiene el mismo derecho a la vida que cualquier otra persona. El aborto en cualquier momento después de la concepción del niño priva al no nacido de ese derecho básico, y por tanto es asesinato. [2270]

Antes de haberte formado yo en el seno materno, te conocía, y antes que nacieses, te tenía consagrado (Jr 1,5).

¿Los que cooperan en un aborto comparten la culpa?

Aquellos que cooperan formalmente en un aborto (los que participan en el acto mismo de alguna manera y lo aprueban, como el abortista, el personal clínico del aborto, etc.) cometen una ofensa grave y son, por el hecho mismo, excomulgados de la Iglesia. [2272]

Hay... cosas que aborrece Yahveh, y... son abominación para su alma: ojos altaneros, lengua mentirosa, y manos que derraman sangre inocente... (Pr 6,16-17).

¿Tienen los padres derechos legales sobre un niño no nacido?

Los padres tienen derecho sobre el niño no nacido, pero éstos son todos positivos y de apoyo, tales como dar nombre, educar y proteger al niño. Ni los padres, ni los doctores, ni el Estado pueden privar al no nacido de su derecho inalienable a la vida. Este derecho es inherente a la naturaleza humana y se origina en el acto creador de los padres. Nadie más tiene ningún derecho sobre la vida o la integridad corporal de otra persona; tampoco puede el Estado presumir que otorga esos derechos por ley. [2273]

¿Se puede permitir el aborto por causa de rapto, incesto o para salvar la vida de la madre?

En el caso de rapto o incesto, se pueden tomar algunas medidas inmediatas para prevenir la concepción. Sin embargo, si esos esfuerzos fallan, nunca puede ser el aborto el siguiente paso. La nueva vida es inocente e independiente del acto pecaminoso. Tampoco se puede realizar un aborto para salvar la vida de la madre. Algunas veces un procedimiento médico usado en el tratamiento de la madre puede causar indirectamente un aborto, pero no se puede hacer nada para inducir un aborto directo.

¿Qué se debe decir acerca de los experimentos sobre el embrión humano?

Se debe dar el máximo cuidado y respeto al embrión humano, que debe ser tratado como una persona desde su concepción. El embrión humano no debe ser producido para experimentación ni se debe disponer de él como desecho biológico. La manipulación y la selección genéticas deben ser condenadas. Sólo lo que es verdaderamente terapéutico puede ser considerado lícito. [2274-2275]

¿La eutanasia o "muerte misericordiosa" va contra el quinto mandamiento?

La eutanasia o "muerte misericordiosa" es siempre un pecado grave porque ninguna persona humana tiene el derecho de disponer de su propia vida o de la de otro. Sólo Dios es el Señor y Dueño de la vida. El pecado cometido es suicidio o asesinato. [2276]

¿El suicidio es contrario a la ley de Dios?

El suicidio es contrario a la ley de Dios que es el dueño soberano de la vida. Nosotros somos solamente administradores de nuestra vida, encargados del deber de preservarla. [2280-2281]

¿Puede haber circunstancias que mitiguen la culpabilidad del suicidio?

La culpabilidad del suicidio puede ser mitigada por enfermedad sicológica grave, ansiedad, temor al sufrimiento o a la tortura. La Iglesia nos invita a orar por los que cometen suicidio, porque cree que Dios proporciona una oportunidad de arrepentimiento antes de que ellos mueran. [2282-2283]

¿El escándalo es pecado?

Dar escándalo o mal ejemplo grave conduciendo a otro a pecar por palabra, acción u omisión, o disminuyendo el respeto del otro por Dios y la religión, puede ser pecado. [2284]

Es imposible que no vengan escándalos, pero ¡ay de aquel por quien vienen! Más le vale que le pongan al cuello una piedra de molino y sea arrojado al mar... (Lc 17,1-2)

¿Cuáles son algunas de las fuentes de escándalo?

Algunas fuentes de escándalo o mal ejemplo son el comportamiento inmoral de una figura de autoridad, el lenguaje indecente o el discurso lleno de odio, la literatura o los programas de los medios de comunicación inmorales, los estilos inmodestos, las prácticas de negocio deshonestas, etc. [2285-2286]

¿En qué forma debemos cuidar de nuestra salud física?

Podemos usar los medios ordinarios (alimento, sueño, abrigo, atención médica) para preservar nuestra vida. Debemos evitar un exagerado "culto del cuerpo", esto es, excesivo cuidado por la apariencia física y el bienestar corporal. Deportes peligrosos, intemperancia en comidas y bebidas, fumar y conducción imprudente de carros, etc., deben ser evitados porque ponen en peligro nuestra vida y salud y las de los demás. [2288]

¿Por qué debemos tratar nuestro cuerpo como cosa sagrada?

Debemos tratar nuestro cuerpo como una cosa sagrada porque lo es verdaderamente, debido al hecho de que Dios vive dentro de nosotros por la gracia. San Pablo dice:

¿O no saben que su cuerpo es santuario del Espíritu Santo... (1 Co 6,19).

¿Es permitido acortar conscientemente la vida de uno?

Es pecado intentar directamente acortar la vida de uno, por ejemplo escogiendo un trabajo en condiciones peligrosas con la esperanza de acortar la propia vida de uno. Pero una persona puede poner en riesgo su vida o su salud por un motivo serio, por ejemplo, para salvar la vida de otra persona.

Nadie tiene mayor amor que el que da su vida por sus amigos (Jn 15,13).

¿Podemos alguna vez rehusar un tratamiento médico?

Sí, podemos rehusar un tratamiento médico que sea oneroso, extraordinario o desproporcionado para los resultados esperados. La decisión pertenece al paciente o, si el paciente no es ya competente, a una persona de confianza que conozca los deseos o intereses del paciente en este aspecto. [2278]

¿Se puede permitir que un moribundo tome calmantes, aunque esas drogas puedan acortar su vida?

El moribundo puede tomar calmantes para aliviar los sufrimientos intensos que con frecuencia acompañan el proceso de morir. No se deben tomar con la intención de acelerar la muerte, sino para hacer que la persona esté más confortable ante la muerte inevitable. [2279]

¿Abusar de las drogas es pecado?

El abuso de las drogas es pecado porque puede causar daño serio a nuestro bienestar mental o físico. Las drogas pueden también hacer que actuemos erradamente en relación con nosotros mismos o con los demás. [2291]

¿Se permite en algunos casos la mutilación del cuerpo humano?

La mutilación del cuerpo humano – por ejemplo amputar un brazo, una pierna, etc. – puede ser permitida si no hay otra manera de preservar la salud o salvar la vida de una persona. [2297]

¿Se debe fomentar la investigación médica?

La investigación médica y científica debe ser fomentada por su potencial para aliviar el sufrimiento humano. Toda búsqueda y experimentación deben ser hechas en conformidad con la dignidad humana y la ley moral. [2295]

¿Qué enseña la Iglesia acerca de la donación de órganos?

La donación de órganos es moralmente aceptable y puede ser meritoria por el beneficio para el receptor. Sin embargo, el consentimiento debe ser dado por el donante o un vocero legítimo. El donante no puede ser mutilado ni se le puede causar la muerte con la donación. [2296]

¿Qué otros crímenes existen contra la integridad corporal?

Terrorismo, tortura, secuestro, toma de rehenes, difusión de falsas amenazas, y actos de violencia tales como mutilación, son gravemente pecaminosos. [2297-2298]

¿Cómo se debe actuar con los moribundos?

A los moribundos les debemos cuidado y respeto, y el apoyo de nuestras oraciones. Se les debe dar la oportunidad de recibir los sacramentos de los enfermos. [2299]

¿Cuál es el tratamiento apropiado para con los difuntos?

Los difuntos deben ser tratados con el respeto debido como hijos de Dios que esperan ya la resurrección. Los funerales deben ser realizados con dignidad. La cremación está también permitida cuando con ella no se cuestiona la fe en la resurrección corporal. [2300-2301]

¿Está permitido en alguna circunstancia quitar la vida a otra persona?

Aunque nunca es permitido quitar una vida inocente, en algunas circunstancias puede ser legal quitar la vida de otra persona. Por ejemplo, un acto de autodefensa puede culminar en matar sin intención. La legítima defensa puede incluir:

- proteger la vida y las posesiones propias y las de un vecino contra un atacante injusto, con tal que no sean efectivos otros medios de protección;
- combatir en una guerra justa;
- ejecutar un castigo justo por un crimen, aunque muchos pensadores católicos sostienen que la pena capital ya no se justifica en nuestra sociedad. [2263-2266]

¿Qué debemos tener presente en relación con la pena capital?

Aunque la imposición de la pena capital ha sido aceptada por largo tiempo como un derecho legítimo de las autoridades civiles para castigar crímenes graves, debemos tener en cuenta que el acusado puede aprovechar otra forma de castigo como la cadena perpetua con el fin de reflexionar y arrepentirse; que el acusado puede ser en realidad inocente; que nuestras motivaciones, como el odio y la venganza, pueden ser espiritualmente perjudiciales para nosotros mismos y para otros; que el ejemplo de imponer la muerte puede ser contraproducente porque rebaja el respeto general por la vida en lugar de disminuir el índice de crímenes. El *Catecismo de la Iglesia Católica* afirma: "Hoy... los casos en los que sea absolutamente necesario suprimir al reo, suceden muy rara vez, si es que ya en realidad se dan algunos" (2266 - 2267, ed. 1992).

¿Este mandamiento prohíbe la guerra?

El quinto mandamiento prohíbe dar muerte de manera intencional; por lo tanto la guerra nunca puede ser emprendida sin razones extremadamente graves. Toda persona tiene el deber de evitar la guerra, en la medida de lo posible. [2307-2308]

¿Cuándo es justa la guerra?

Para que una guerra sea justa, debe ser declarada por el jefe del gobierno; quienes van a emprender la guerra deben tener una intención recta; debe haber una causa justa; se debe haber intentado el uso de otros medios de arreglo y estos deben haber fallado; los males producidos por el conflicto no deben ser mayores que los buenos resultados que se espera al librar la guerra; y debe haber "serias posibilidades de éxito". Aplicar estos principios es muy difícil actualmente, especialmente por la naturaleza de las armas modernas. [2309]

¿Cómo pueden promover la verdadera paz los cristianos?

Los cristianos pueden promover la verdadera paz eliminando todas las causas de discordia (injusticia, desconfianza, orgullo, envidia y otras pasiones egoístas) en sus propias vidas; pueden también ofrecer ayuda financiera, profesional y moral a instituciones nacionales e internacionales cuya finalidad sea ayudar a desarrollar las naciones y trabajar a favor de la cooperación entre las naciones. [2304-2306]

¿Cómo debe actuar el personal militar en una guerra?

La guerra no excusa a los combatientes de la ley moral. El personal militar nunca debe actuar con obediencia ciega cuando se le ordena cometer atrocidades como el genocidio, que es un grave pecado. Los civiles, los prisioneros y los heridos deben ser tratados de manera humanitaria. La destrucción total de ciudades es condenada. [2313-2314]

¿Es inmoral acumular armas?

La acumulación excesiva de armas es inmoral porque aumenta el riesgo de conflicto y los gastos empobrecen a los pueblos implicados. Aún más, la producción y venta de armamentos promueve frecuentemente la violencia y el conflicto entre las naciones en desarrollo. [2315-2316]

Juzgará entre las gentes, será arbitro de pueblos numerosos. Forjarán de sus espadas azadones, y de sus lanzas podaderas. No levantará espada nación contra nación, ni se ejercitarán más en la guerra (Is 2,4).

¿La obligación de llevar armas al servicio del propio país debe ser cumplida por todos?

La obligación de servir al propio país permite que algunos, por razones de conciencia, rehúsen portar armas, con tal que acepten servir de alguna otra manera a la comunidad.

¿Cuán importante es nuestro bienestar espiritual?

Nuestro bienestar espiritual es aún más importante que nuestro bienestar físico, porque la vida es un regalo de Dios y no estamos destinados solamente para esta vida sino para la vida eterna.

¿Qué otras cosas se oponen al quinto mandamiento?

Reñir, pelear, ira, odio, venganza, embriaguez, y tomar o vender drogas u otras sustancias peligrosas se oponen a este mandamiento. [2302-2303]

¿Qué nos enseñó Cristo acerca del amor y el perdón?

Cristo nos enseñó a orar en el Padre nuestro:
"Perdónanos nuestras ofensas, como nosotros perdonamos a quienes nos han ofendido".

Él nos dio el ejemplo supremo: desde la cruz oró por todos aquellos que eran responsables de su muerte: "Padre, perdónales, porque no saben lo que hacen" (Lc 23,34). Él también dijo: "Amen a sus enemigos y rueguen por los que los persigan..." (Mt 5,44). [2305]

¿Por qué son contrarios al quinto mandamiento la ira y el odio?

La ira y el odio buscan el daño o el mal para la otra persona, lo que es directamente contrario a la paz que este mandamiento requiere. El pecado de la ira no se debe confundir con la emoción que se siente espontáneamente. [2302-2303]

Han oído que se dijo: Amarás a tu prójimo y odiarás a tu enemigo. Pues yo les digo: Amen a sus enemigos y rueguen por los que los persigan... (Mt 5,43-44).

Sexto mandamiento

¿Cuál es el sexto mandamiento de Dios?

El sexto mandamiento de Dios es:

No cometerás adulterio (Ex 20,14).

¿Qué dijo Jesús acerca del sexto mandamiento?

Jesús dijo:

Han oído que se dijo: No cometerás adulterio. Pues yo les digo: Todo el que mira a una mujer deseándola, ya cometió adulterio con ella en su corazón (Mt 5,27).

¿Qué nos exige el sexto mandamiento?

El sexto mandamiento nos exige ser castos y modestos en el comportamiento, tanto solos como con otras personas.

¿Qué es castidad?

Castidad es aquella virtud por medio de la cual regulamos apropiadamente nuestro uso de la sexualidad de acuerdo con nuestro estado de vida. La castidad consiste en la armonía interior del hombre en su ser corporal y espiritual, como también "la integración lograda de la sexualidad en la persona". [2337-2345, 2348-2349]

En efecto, todos ustedes los bautizados en Cristo, se han revestido de Cristo (Ga 3,27).

¿Cuán importante es la sexualidad?

Nuestra sexualidad humana es un regalo extraordinario de Dios. Afecta todos los otros aspectos de lo que somos. A través de nuestra masculinidad o feminidad expresamos nuestra vocación al amor y a la vida en comunidad. Es importante entender y aceptar nuestra identidad sexual para asumir nuestro papel propio en el matrimonio, en la familia y en la sociedad. [2331-2332]

Creó, pues, Dios al ser humano a imagen suya, a imagen de Dios le creó, macho y hembra los creó. Bendíjolos Dios, y díjoles Dios: "Sean fecundos y multiplíquense, llenen la tierra y sométanla... (Gn 1,27-28).

¿Cómo deben observar la castidad los que han hecho compromiso matrimonial?

Los que han hecho compromiso para casarse deben continuar viviendo la castidad de continencia propia de todos los no casados. Reservando las expresiones especiales del amor marital para después de la boda, ellos fortificarán su amor, fidelidad y entrega mutuos. [2350]

¿Cuáles son los principales pecados contra la castidad?

El sexto mandamiento prohíbe los actos sexuales por fuera del matrimonio. Entre los pecados contra la castidad están:

- *Lujuria* – el deseo desordenado y la búsqueda del placer sexual por sí mismo, lo que es contrario a los fines unitivos y procreativos de los actos sexuales; [2351]
- *Masturbación* – la estimulación de los propios órganos genitales para producir placer, lo que es contrario a la autodonación y apertura a la vida, esenciales para esos actos; [2352]
- *Fornicación* – relaciones sexuales entre un hombre y una mujer solteros, lo que es contrario a la dignidad de los implicados y del matrimonio mismo. Puede también producir escándalo; [2353]
- *Pornografía* – la exhibición de actos sexuales por lucro, lo que ofende la dignidad de la persona y del acto conyugal y causa grave escándalo. La pornografía implica con frecuencia el abuso y explotación de los más jóvenes, y quienes la compran participan en ese mal grave; [2354]
- *Prostitución* – el uso del propio cuerpo para el placer sexual de un cliente, lo que reduce la dignidad personal al nivel de una mercancía. Las condiciones económicas y sociales pobres pueden impulsar a algunas personas a la prostitución, y quienes pagan cargan con una grave responsabilidad por ayudar a perpetuar estos males; [2355]
- *Rapto* – fuerza sexual usada contra una víctima que no lo desea, lo que viola la privacidad y la integridad del otro, causando con frecuencia un daño permanente a la víctima. [2356]

¿O no saben que su cuerpo es santuario del Espíritu Santo, que está en ustedes y han recibido de Dios, y que no se pertenecen? ¡Han sido bien comprados! Glorifiquen, por tanto, a Dios en su cuerpo (1 Co 6,19-20).

¿Por qué son contrarios al sexto mandamiento los actos homosexuales?

Los actos homosexuales, que son los actos sexuales de hombres o mujeres con personas del mismo sexo, son contrarios a este mandamiento, en primer lugar, porque las dos personas no están casadas; en segundo lugar, esas uniones no están abiertas al don de la vida ni se construyen sobre la complementariedad de los sexos, conceptos esenciales a la actividad sexual. [2357]

Sus mujeres invirtieron las relaciones naturales por otras contra la naturaleza; igualmente los hombres, abandonando el uso natural de la mujer, se abrasaron en deseos los unos por los otros... (Rm 1,26-27).

¿Cómo deben ser tratadas las personas homosexuales?

Aunque los actos homosexuales deben ser considerados gravemente pecaminosos, una persona homosexual debe ser tratada con el mismo amor y respeto que debemos a cada persona en el nombre de Cristo. [2357-2359]

¿Cuáles son las dos finalidades del Matrimonio?

Las dos finalidades del matrimonio son el amor y fidelidad de la pareja, lo que les produce alegría y plenitud en su relación, y la fecundidad, que es la transmisión y maduración de una nueva vida. (Ver también la sección sobre el sacramento del Matrimonio, páginas 138-148). [2360-2367]

Tú creaste a Adán, y para él creaste a Eva, su mujer, para sostén y ayuda (Tb 8,6).

¿Cuál es la enseñanza de la Iglesia sobre la contracepción artificial?

La Iglesia enseña que todas las formas de contracepción artificial, tales como píldoras, drogas y artificios médicos son pecaminosos porque van contra la finalidad natural del amor matrimonial, la transmisión o donación de la vida. Si hay razones justas que piden la limitación de la natalidad, los Católicos pueden practicar la planeación natural de la familia. Las parejas deben consultar a un sacerdote o a grupos católicos de planeación natural de la familia. [2368-2370]

¿El Estado puede hacer leyes que regulen los nacimientos?

No, el Estado no puede hacer leyes que regulen los nacimientos; tampoco puede obligar a las parejas a limitar el tamaño de sus familias. El estado puede hacer observaciones acerca de su población, pero no puede imponer su voluntad. [2372]

¿Qué enseña la Iglesia acerca de la esterilización?

Si se realiza la esterilización directa, quitar de una persona la facultad de tener hijos, para la propia satisfacción o por necesidades económicas o sociales, tales acciones son gravemente erradas. Si es necesaria la esterilización indirecta por razones serias de salud, no hay pecado involucrado, con tal que la intención no sea hacer imposible la procreación. [2297, 2399]

¿Qué puede hacer una pareja estéril para tener un hijo?

Las parejas que descubren que son estériles pueden buscar ayuda médica que respete su relación marital y la ley moral. Deben ser conscientes de que técnicas como la donación de esperma o de óvulo, la maternidad sustituta, la inseminación o fertilización artificial son gravemente pecaminosas porque separan el sexo y la procreación. La dignidad y la intimidad del acto ha sido violada y en algunos casos el niño queda privado de los vínculos de la familia natural. En lugar de apelar a esas prácticas, la pareja debe ser animada a adoptar un niño o a dedicarse ellos mismos al servicio de otras personas. [2373-2379]

¿Por qué está prohibido el adulterio?

El adulterio es una injusticia grave contra el cónyuge propio. Viola la alianza matrimonial, debilita la confianza y causa daño al bienestar de los hijos. [2380-2381]

Porque no nos llamó Dios a la impureza, sino a la santidad (1 Ts 4,7).

¿Qué es divorcio?

Divorcio es una ofensa grave contra la ley natural, porque es un atentado para romper la promesa permanente pactada por el esposo y la esposa de ser fieles hasta la muerte. Deja de lado la naturaleza sacramental del matrimonio, causa sufrimientos a la esposa abandonada y a los hijos, y desagrega la sociedad. [2382, 2384-2386]

Quien repudie a su mujer y se case con otra, comete adulterio contra aquélla; y si ella repudia a su marido y se casa con otro, comete adulterio (Mc 10,11-12).

¿Alguna vez se permite el divorcio?

Cuando no hay esperanzas de reconciliación, el divorcio civil puede ser permitido como una manera de protegerse legalmente uno mismo y de cuidar de los hijos. Sin embargo, la persona no queda libre de volverse a casar. [2383]

La mujer no se separe del marido, mas en el caso de separarse, que no vuelva a casarse, o que se reconcilie con su marido, y que el marido no despida a su mujer (1 Co 7,10-11).

¿Hay otras ofensas contra el matrimonio?

Éstas son otras ofensas contra el matrimonio:

- *Poligamia* – tener dos o más esposas simultáneamente. Esto ofende el plan original de Dios que hizo que el matrimonio fuera una relación exclusiva. [2387]
- *Incesto o abuso de los niños* – Tener relaciones sexuales con parientes próximos o con niños o adolescentes. Estas graves violaciones de la integridad moral de la víctima causan daño grave emocional o sicológico. [2388-2389]

- *"Unión libre"* – ejercer los derechos maritales con un compañero o compañera sin ningún compromiso. Tales situaciones producen desconfianza, infidelidad e irresponsabilidad, y debilitan la fibra moral de la sociedad. [2390]
- *"matrimonio experimental"* – vivir juntos como casados pero teniendo solamente una intención futura de matrimonio. Esta falta de un compromiso real socava la verdadera naturaleza del amor y del matrimonio, que requieren una entrega total. [2391]

¿No podemos actuar en materia sexual por nuestra propia conciencia?

Ciertamente que debemos juzgar todas nuestras acciones por medio de nuestra propia conciencia, pero primero que todo nuestra conciencia debe ser educada de acuerdo con la verdad moral objetiva, esto es, por la ley moral que nuestro Creador nos dio. Esto requiere estudio de la Escrituras y de las enseñanzas de la Iglesia y oración sincera.

El que tiene mis mandamientos y los guarda, ése es el que me ama; y el que me ame, será amado de mi Padre; y yo le amaré y me manifestaré a él (Jn 14,21).

¿Cómo sabemos que la Iglesia tiene razón en su juicio sobre materias sexuales?

Sabemos que la Iglesia juzga rectamente sobre materias sexuales porque tiene un mandato divino de Cristo para guardar e interpretar sus enseñanzas morales, y el Espíritu Santo ayuda a la Iglesia en esto. También sabemos que la ley moral cristiana se basa en la ley natural, que es la ley escrita en nuestros corazones. [1954-1960]

Quien a ustedes los escucha, a mí me escucha, y quien a ustedes los rechaza, a mí me rechaza, y quien me rechaza a mí, rechaza al que me ha enviado (Lc 10,16).

Séptimo mandamiento

¿Cuál es el séptimo mandamiento de Dios?

El séptimo mandamiento de Dios es:

No robarás (Ex 20,15).

¿Qué dijo Jesús acerca del séptimo mandamiento?

Jesús nos previno para guardarnos de la tentación de robar:

Porque del corazón salen las intenciones malas, asesinatos, adulterios, fornicaciones, robos, falsos testimonios, injurias (Mt 15,19).

¿Qué nos exige el séptimo mandamiento?

Este mandamiento nos exige que seamos justos, caritativos y honestos con relación a los bienes de este mundo – los nuestros y los de los demás, y los que son comunes a la Familia humana. [2401]

¿Qué prohíbe el séptimo mandamiento?

El séptimo mandamiento prohíbe robar y asaltar, la injusta adquisición de bienes, la destrucción imprudente de lo que pertenece a los otros, y la indiferencia por los bienes de la tierra.

Robar puede ser gravemente pecaminoso si la cosa robada es de valor considerable (en caso contrario es pecado venial). Robar algo de poco valor puede ser mortalmente pecaminoso si el propietario es pobre y de esa manera sufre un daño grande.

Si quieres entrar en la vida, guarda los mandamientos... 'No robarás'... (Mt 19,18).

¿Estamos obligados a devolver los bienes robados?

Estamos obligados a devolver los bienes robados o su valor en dinero al propietario o, si el propietario murió, a su familia. Si ni el propietario ni la familia pueden ser identificados, los bienes o su valor debe ser dados a los pobres o a causas caritativas. [2412]

Zaqueo, puesto en pie, dijo al Señor: 'Daré, Señor, la mitad de mis bienes a los pobres; y si en algo defraudé a alguien, le devolveré el cuádruplo' (Lc 19,8).

¿Se puede justificar alguna vez el tomar la propiedad de otros?

Tomar la propiedad de otros puede ser justificado solamente si uno tiene urgencia de las necesidades básicas, tales como alimento y vestido, y no hay otros medios de obtenerlos. [2408]

¿Cuáles son algunas formas más sutiles de robar?

Algunas formas más sutiles de robar son hacer trampa o engañar al cliente con algo que le es vendido, como ocultar un defecto en ese objeto; hacer un mal trabajo o reparaciones negligentes; realizar reparaciones innecesarias; cargar un precio que sería para un trabajo mejor; en política, adquirir dinero o posiciones por medios deshonestos; hacer falsas proclamaciones de seguridad; esconder sin devolver; evasión de impuestos; falsificación; daño o mutilación de la propiedad; despilfarro, etc. [2409]

¿Qué virtudes ayudan a cumplir este mandamiento?

Este mandamiento será vivido más fácilmente si practicamos:

- *templanza* – moderación en la adquisición de bienes,
- *justicia* – respeto por las cosas que pertenecen a otro,
- *solidaridad* – asumir la parte del pobre, del que no tiene privilegios y del marginalizado. [2407]

Conocen la generosidad de Nuestro Señor Jesucristo, el cual, siendo rico, por ustedes se hizo pobre a fin de que se enriquecieran con su pobreza (2 Co 8,9).

¿Tenemos derecho a la propiedad privada?

Sí, la gente tiene derecho a la propiedad privada. Este derecho, otorgado por el Creador, da a la gente los medios para su sustento, crecimiento y progreso. [2402]

¿El derecho de propiedad privada justifica la superabundancia de unos y la extrema pobreza de otros?

El principio de la propiedad privada no justifica semejante iniquidad. Nadie tiene derecho a guardar para su uso exclusivo lo que no necesita, cuando otros padecen necesidades. La tierra pertenece a toda la raza humana. Su división entre naciones e individuos garantiza que los derechos de cada uno serán cuidados y protegidos. [2403-2406]

¿Qué es un soborno?

Un soborno es ofrecer dinero u otros objetos valiosos con la intención de corromper o comprar un favor.

¿Qué valor tiene el trabajo?

El trabajo es parte de la dignidad humana. Nos da una participación en el plan creador de Dios, nos permite participar en la obra redentora de Cristo y nos ayuda a alcanzar la santidad elevando todo lo que hacemos a la categoría de obra de alabanza. [2426-2428]

¿Qué deberes tienen los empleados en relación con sus empleadores?

Los trabajadores deben producir buen trabajo, usar sus horas de trabajo de manera productiva, servir a sus empleadores con fidelidad y honestidad y evitar causar daños a la propiedad y al buen nombre de su empleador.

¿Qué deberes tienen los empleadores en relación con sus empleados?

Los empleadores deben tratar a sus trabajadores con justicia y equidad, pagarles salarios justos y proporcionarles condiciones de trabajo dignas y apropiadas con una razonable seguridad en el oficio.

¿Cuándo está permitido a los trabajadores ir a la huelga?

Los trabajadores pueden hacer huelga cuando sus derechos son violados, ignorados los contratos legales o surgen otras dificultades serias. La huelga, sin embargo, solamente puede ser usada después de que todos los otros medios para solucionar las dificultades han sido agotados. Aún más, una huelga debe ser conducida de manera leal y pacífica, evitando todas las formas de violencia. [2435]

¿Cómo pueden ser explotados los trabajadores?

Las personas o su trabajo pueden ser explotadas por esclavitud, en la que los individuos son tratados como mercancía. Esta esclavitud puede ser más sutil, como cuando las personas son forzadas a trabajar largas horas en condiciones inadecuadas por salarios bajos y sin beneficios porque son extranjeros ilegales, mentalmente incompetentes o socialmente marginalizados. Éste es un pecado contra la dignidad de la persona y contra la justicia básica. [2414]

Tal vez fue alejado de ti por algún tiempo, precisamente para que lo recuperaras para siempre, y no como esclavo, sino como algo mejor que un esclavo, como un hermano querido... (Flm 15-16).

¿Qué es justicia conmutativa?

Justicia conmutativa o estricta es el honor y el respeto con el que nos tratamos unos con otros. Regula nuestros contratos, ventas, deudas e intercambios. Si la justicia no se practica estrictamente en este nivel, no tendrá éxito en ningún otro nivel. [2411]

No tendrás en tu casa medida y medida, una grande y otra pequeña. Has de tener un peso cabal y exacto, e igualmente una medida cabal y exacta (Dt 25,14-15).

¿Qué es justicia legal?

La justicia legal se refiere a la conducta de cada individuo frente a la sociedad: cuidado de la propiedad pública, pago de una contribución justa en los impuestos, prestando servicios comunitarios, asumiendo responsabilidades cívicas, defendiendo el propio país, etc.

Sean sumisos, a causa del Señor a toda institución humana... Obren como hombres libres, y no como quienes hacen de la libertad un pre-

texto para la maldad, sino como siervos de Dios. Honren a todos, amen a los hermanos, teman a Dios, honren al rey (1 P 2,13.16-17).

¿Qué es la justicia distributiva?

La justicia distributiva se refiere a la manera como la sociedad trata equitativamente a los miembros individuales.

Escuchen esto los que pisotean al pobre y quieren suprimir a los humildes de la tierra... (Am 8,4).

¿Está uno obligado a reparar el daño causado?

Uno está obligado a reparar el daño injustamente causado a la propiedad de otros, en la medida de sus capacidades.

¿Por qué habla la Iglesia acerca de materias económicas?

La Iglesia tiene el deber de hablar acerca de las materias económicas y sociales cuando la dignidad de las personas humanas, sus derechos y su salvación están en peligro. La Iglesia no se alinea con ningún gobierno ni prefiere ningún sistema de gobierno. Su incumbencia es que trabajemos por una sociedad justa y no seamos impedidos en nuestra búsqueda del Bien supremo. [2419-2425]

¿Qué es apostar?

Apostar es colocar dinero o valores en un acontecimiento futuro o en un juego de suerte, cuyo resultado es desconocido por los participantes.

¿Es errado apostar?

Apostar en sí mismo puede ser una diversión, y no va contra las normas corrientes de la moral católica si se juega leal y honestamente y con moderación. Sin embargo, apostar puede llegar a ser pecado, inclusive pecado mortal, si lleva a la persona a excesos tales como deshonestidad y gran pérdida de dinero, con riesgo para las necesidades de la familia y aún de la sociedad. [2413]

¿Cómo debemos tratar el resto de la creación?

Toda la creación – los animales, plantas, minerales – debe ser respetada como parte de la obra de Dios. Podemos hacer uso de ella según las necesidades, pero nunca la debemos tratar de manera imprudente o cruel. Somos administradores de la creación, para cultivarla y mantenerla como una herencia para las futuras generaciones. [2415-2417]

Y bendíjolos Dios, y díjoles Dios: Sean fecundos y multiplíquense y llenen la tierra y sométanla; manden en los peces del mar y en las aves de los cielos y en todo animal que serpea sobre la tierra (Gn 1,28).

Octavo mandamiento

¿Cuál es el octavo mandamiento de Dios?

El octavo mandamiento de Dios es:

No darás testimonio falso contra tu prójimo (Ex 20,16).

¿Qué dijo Jesús acerca del octavo mandamiento?

Jesús dijo:

Han oído también que se dijo a los antepasados: No perjurarás, sino que cumplirás al Señor tus juramentos. Pues yo les digo que no juren en modo alguno: ni por el Cielo, porque es el trono de Dios, ni por la Tierra, porque es el escabel de sus pies; ni por Jerusalén, porque es la ciudad del gran Rey. Ni tampoco jures por tu cabeza, porque ni a uno solo de tus cabellos puedes hacerlo blanco o negro. Sea su lenguaje: Sí, sí; no, no; que lo que pasa de aquí viene del Maligno (Mt 5,33-37).

¿Qué nos exige el octavo mandamiento?

El octavo mandamiento nos exige ser verídicos e interpretar de la mejor manera posible las acciones de los demás. Nuestra veracidad da testimonio de nuestra fe en que Dios es Verdad. [2464]

Por tanto, desechando la mentira, hablen con verdad cada cual con su prójimo, pues somos miembros los unos de los otros (Ef 4,25).

¿Cómo manifestamos nuestra lealtad como discípulos?

Manifestamos nuestra lealtad a Cristo como discípulos dando testimonio de la verdad, viviendo el Evangelio y compartiendo gustosamente nuestra fe con los demás. Si las circunstancias lo requieren alguna vez, debemos estar listos a ofrecer el testimonio supremo del martirio antes que negar a Cristo. [2471-2474]

Entonces Pilatos le dijo: ¿Luego tú eres Rey? Respondió Jesús: Sí, como dices, soy Rey. Yo para esto he nacido y para esto he venido al mundo: para dar testimonio de la verdad. Todo el que es de la verdad, escucha mi voz (Jn 18,37).

¿Por qué es importante la veracidad?

La veracidad es importante para nuestra propia integridad, para la confianza y el entendimiento entre las gentes y para nuestra propia lealtad a Cristo como discípulos. [2467-2470]

Si decimos que estamos en comunión con él, y caminamos en tinieblas, mentimos y no obramos la verdad... (1 Jn 1,6).

¿Qué prohíbe el octavo mandamiento?

El octavo mandamiento prohíbe mentir, hacer juicios temerarios, perjurio, falso testimonio, sospechas temerarias, denigración, calumnia, chismorreo y revelar secretos que estamos obligados a guardar.

Rechacen, por tanto, toda malicia y todo engaño, hipocresías, envidias y toda clase de maledicencias (1 P 2,1).

¿Qué es una mentira?

Una mentira es una falsedad dicha con el propósito de engañar a los demás. [2482-2483]

No se mienten unos a otros (Col 3,9).

¿Una buena razón para decir una mentira puede excusar de ella?

Ninguna razón, por buena que sea, servirá de excusa para decir una mentira, porque una mentira es siempre mala en sí misma. Nunca se puede, aún con una buena intención, hacer una cosa que es mala en sí misma. Una mentira ofende la justicia, la caridad y la confianza [2483-2487]

¿Qué es una mentira jocosa?

Una mentira jocosa es una historia inventada con el propósito de divertir o instruir a los demás. Se hace pecaminosa si la persona que la cuenta no hace entender que no se le debe entender al pie de la letra.

¿Qué es la restricción mental?

La restricción mental, hecha en circunstancias en que uno está obligado en conciencia a no contar toda la verdad, limita el sentido de las palabras de quien habla a un cierto significado. Hacer una restricción completa de la verdad es una mentira. [2488-2489]

¿Qué es perjurio?

Perjurio es mentir cuando uno está obligado bajo juramento a ser veraz. El perjurio cometido en una sala de juzgado puede causar injusticia y daño graves a personas inocentes. [2476]

El testigo falso no quedará impune (Pr 19,9).

¿Qué es juicio temerario?

Juicio temerario es creer, sin razón suficiente, algún defecto en el carácter de otra persona. [2477]

¿Qué es denigrar?

Denigrar es revelar, sin una buena razón, las faltas ocultas de los demás. [2477]

¿Qué es difamación o calumnia?

Difamación o calumnia es ofender el buen nombre de otra persona por medio de mentiras [2477-2479]

No levantes testimonio falso (Ex 23,1).

¿Qué es chisme?

Chisme es contar a las personas lo que otras han dicho sobre ellas, especialmente si las cosas dichas son malas. Es malo porque da origen a la ira, el odio y la mala voluntad, y con frecuencia causa pecados más graves.

¿Cómo pueden ser pecado la lisonja y la adulación?

La lisonja y la adulación (servilismo) pueden ser pecaminosas si son usadas para animar o felicitar las malas acciones de otro. [2480]

¿Hay otras faltas contra la veracidad?

La jactancia y la vanagloria ofenden la verdad al inflar nuestra propia importancia o buenas cualidades. También la ironía es una ofensa cuando se propone disminuir la bondad de los demás o el valor de sus realizaciones. [2481]

¿Cuándo estamos obligados a guardar un secreto?

Estamos obligados a guardar un secreto cuando hemos prometido hacerlo, cuando nuestro oficio lo requiere, o cuando el bien de los demás lo pide. [2492]

Quien revela los secretos, pierde el crédito, no encontrará jamás amigo íntimo (Si 27,16).

¿La confesión sacramental es un secreto?

Sí, el sacerdote nunca puede revelar nada de lo que le fue dicho en la confesión sacramental, que es un secreto sagrado. Romper este sigilo de secreto por cualquier razón es un pecado grave. [2490]

¿Está permitido leer alguna vez las cartas o los escritos privados de otras personas?

Nunca pueden ser leídos sin permiso (inclusive razonablemente supuesto) del propietario, a menos que el motivo sea prevenir un daño grave para sí mismo, para otra persona o para la sociedad.

¿Qué debe hacer una persona que ha pecado de alguna de estas maneras?

Una persona que ha pecado de alguna de estas maneras contra la caridad y la justicia debe tratar de reparar el daño hecho a su prójimo. Si es posible, la reparación debe ser pública, pero si es necesario se puede hacer privadamente. [2487]

¿Por qué los individuos y la sociedad tienen derecho a la información?

La sociedad necesita la información para tomar las decisiones correctas, y los ciudadanos bien informados contribuyen al bien común.

¿El derecho a la comunicación de la verdad es incondicional?

Ese derecho no es incondicional, sino que está gobernado por el amor al prójimo como enseña el Evangelio. La caridad sigue siendo el mayor bien. [2488]

Ama a tu amigo y confíate a él, mas si revelas sus secretos, deja de ir tras él (Si 27,17)

¿Qué otros derechos hay paralelos al derecho de información?

Otros derechos paralelos al derecho de la información son el derecho de los individuos, las familias y las sociedades a la privacidad, como también el derecho al secreto, que vincula por razones profesionales y por motivos de conciencia. [2489-2492]

¿Cuáles son las responsabilidades de los medios de comunicación profesionales?

Tienen que estar informados sobre las normas de moralidad y practicarlas conscientemente en esta área. Deben siempre transmitir lo que es verdadero y, hasta donde lo permiten la caridad y la justicia, lo que es completo. Esto exige juicio equilibrado y prudencia. [2494]

¿Cómo deben usar los medios de comunicación los lectores, oyentes y espectadores?

Los lectores, oyentes y espectadores deben evaluar críticamente las presentaciones de los medios y escoger lo que es moralmente bueno y verídico. Los padres de familia deben entrenar a sus hijos en el uso responsable de los medios. [2496]

¿Cómo se promueve justamente la opinión pública?

Difundir información que sirva a la verdad, reconozca la dignidad humana y beneficie a todos es una manera segura y justa de formar la opinión pública.

¿Qué papel tienen las autoridades civiles sobre los medios de comunicación?

Las autoridades civiles tienen el derecho y el deber de garantizar la libertad de información. También deben estar vigilantes en lo concerniente al abuso de esa libertad. Ni los gobiernos ni otras entidades deben usar los medios para manipular la opinión pública por medio de la desinformación. [2498-2499]

¿Qué relación hay entre educación y los medios?

Los medios, un excelente instrumento para llegar al mayor número de personas de la manera más efectiva, deben ser usados para educar a la humanidad. Sus presentaciones deben animar al pueblo a reflexionar sobre lo que ven y a compartir sus experiencias con otros, todo para el bien común.

¿Qué es la verdad en la publicidad?

La verdad en la publicidad significa que los vendedores pueden hacer conocer los beneficios de sus productos y servicios, con tal que la libertad individual de escogencia sea respetada y la verdad no sea deformada u ocultada

¿La belleza es una forma de verdad?

La belleza es la verdad hecha visible. La Biblia cuenta cómo Dios expresó su Verdad creando el universo, y expresó su propia imagen al crear a la persona humana. También nosotros, al usar los talentos que Dios nos ha dado, expresamos la belleza de la verdad en nuestras formas artísticas. En el arte sagrado tratamos de honrar a Dios y de unir a los demás con él en adoración y alabanza. [2500-2502].

Noveno mandamiento

¿Cuál es el noveno mandamiento de Dios?

El noveno mandamiento de Dios es:

No codiciarás a la mujer de tu prójimo (Ex 20,17).

¿Qué dijo Jesús acerca del noveno mandamiento?

Jesús dijo:

Yo les digo: Todo el que mira a una mujer deseándola, ya cometió adulterio con ella en su corazón (Mt 5,28).

¿Qué es la codicia?

En teología, la codicia, o la concupiscencia, se refiere a los deseos intensos en los que nuestros sentimientos son más fuertes que nuestra razón. Este desorden, que tiene su raíz en el pecado original, crea una tensión o enfrentamiento constante entre la carne y el espíritu [2514-2516]

Por mi parte les digo: si viven según el Espíritu, no darán satisfacción a las apetencias de la carne. Pues la carne tiene apetencias contrarias al espíritu y el espíritu contrarias a la carne (Ga 5,16-17).

¿Qué nos exige el noveno mandamiento?

El noveno mandamiento nos exige que seamos puros en pensamientos y deseos. Esto pide la práctica de la virtud de la templanza. [2517]

En cambio lo que sale de la boca viene de dentro del corazón y eso es lo que contamina al hombre. Porque del corazón salen las intenciones malas... (Mt 15,18-19).

¿Qué prohíbe el noveno mandamiento?

El noveno mandamiento prohíbe los pensamientos impuros, buscados o aceptados con placer, las imaginaciones impuras voluntariamente excitadas o no rechazadas y los malos deseos.

¿Qué es pureza de corazón?

La sexta bienaventuranza dice: "Benditos los limpios de corazón, porque ellos verán a Dios". Los que practican esta bienaventuranza conservan su mente y su voluntad centradas en el amor de Dios en sus corazones. Ellos ven también a Dios en todas las personas y situaciones y tratan de manifestar a Dios en sus vidas. [2518-2519]

Queridos, ahora somos hijos de Dios y aún no se ha manifestado lo que seremos. Sabemos que, cuando se manifieste, seremos semejantes a él, porque le veremos tal cual es. Todo el que tiene esta esperanza en él se purifica a sí mismo, como él es puro (1 Jn 3,2-3).

¿Cómo podemos crecer en pureza de corazón?

La virtud de castidad nos ayuda a amar sinceramente a los demás, respetándolos como personas. La pureza de intención nos guía para buscar la voluntad de Dios en todas las cosas. La oración, especialmente los sacramentos de Penitencia y de Eucaristía, junto con la devoción a la Santísima Virgen, nos dan la fuerza para crecer en esa virtud. Ella exige también autodisciplina y buen juicio para evitar todo lo que pueda ser fuente de tentación. El aprecio por el don de la sexualidad nos lleva a usarlo solamente en la forma querida por Dios. [2520-2521]

Que lleguen al pleno conocimiento de su voluntad con toda sabiduría e inteligencia espiritual, para que vivan de una manera digna del Señor, agradándole en todo... (Col 1,9-10).

¿Qué es modestia?

Modestia es la virtud que nos inclina a vigilar nuestros sentidos para evitar las posibles tentaciones. También nos ayuda a refrenar todo lo que pueda incitar a los otros al pecado y a tener decencia en el vestido y en el comportamiento. Es el guardián cuidadoso de nuestra castidad. [2521-2524]

¿Son pecaminosas todas las tentaciones contra la castidad?

Las tentaciones contra el sexto y el noveno mandamientos no son pecaminosas en sí mismas, pero no deben ser suscitadas deliberadamente. Ellas se hacen pecaminosas cuando los pensamientos, deseos y pasiones son deliberadamente despertados, voluntariamente consentidos o permitidos.

Décimo mandamiento

¿Cuál es el décimo mandamiento de Dios?

El décimo mandamiento de Dios es: "No codiciarás los bienes del prójimo".

No codiciarás la casa de tu prójimo... ni su siervo, ni su sierva, ni su buey, ni su asno, ni nada que sea de tu prójimo (Ex 20,17).

¿Qué dijo Jesús acerca del décimo mandamiento?
Jesús dijo:

Donde esté tu tesoro, allí estará también tu corazón (Mt 6,21)

¿Qué nos exige el décimo mandamiento?
El décimo mandamiento exige que nos sintamos satisfechos con lo que es nuestro y respetemos las propiedades de los otros.

¿Qué prohíbe el décimo mandamiento?
El décimo mandamiento prohíbe codicia, avaricia y también todo deseo de obtener injustamente lo que pertenece al otro. [2534-2536]

Los que quieren enriquecerse caen en la tentación, en el lazo y en muchas codicias insensatas y perniciosas que hunden a los hombres en la ruina y en la perdición. Porque la raíz de todos los males es el afán de dinero (1 Tm 6,9-10).

¿Qué es envidia?
Envidia es un pecado capital que produce tristeza por causa de las propiedades del otro y el fuerte deseo de adquirirlas injustamente. [2538-2539]

La caridad es paciente, la caridad es servicial, no es envidiosa, no es jactanciosa, no se engríe (1 Co 13,4).

¿El pecado de la envidia equivale a sentir un deseo de lo que no nos pertenece?
El pecado de envidia es un acto deliberado de la voluntad, mientras que un deseo de lo que no es nuestro puede brotar de un sentimiento espontáneo que no es en sí mismo pecaminoso. Esos sentimientos no se deben cultivar para que no resulte de ellos la envidia [2541-2543]

Los que son de Cristo Jesús, han crucificado la carne con sus pasiones y sus apetencias (Ga 5,24).

¿Qué es pobreza de corazón?

Pobreza de corazón es un desprendimiento de los bienes materiales y una disposición hacia los bienes del Reino de Dios. Todos los afectos, deseos y esfuerzos de uno están enfocados hacia Dios a quien preferimos sobre todas las cosas. [2544-2546]

De igual manera, cualquiera de ustedes que no renuncia a todos sus bienes, no puede ser discípulo mío (Lc 14,33)

¿Cuál es nuestro deseo supremo?

Todos nuestros deseos de bienes y felicidad nos orientan hacia la visión y felicidad de Dios, quien es el verdadero anhelo del corazón humano. [2548-2550]

Cuando hayan sido sometidas a él todas las cosas, entonces también el Hijo se someterá a Aquél que ha sometido a él todas las cosas, para que Dios sea todo en todos (1 Co 15,28).

Algunos deberes especiales de los cristianos católicos

¿Tiene la Iglesia Católica el derecho de hacer leyes?

La Iglesia Católica recibe el derecho de hacer leyes de su fundador, Jesucristo, quien dijo a los apóstoles, sus primeros líderes y obispos:

A ti te daré las llaves del Reino de los Cielos; y lo que ates en la tierra quedará atado en los cielos, y lo que desates en la tierra quedará desatado en los cielos (Mt 16,19).

¿Quién ejerce el derecho de la Iglesia de hacer leyes?

El Papa y los obispos unidos con él ejercen el derecho de la Iglesia de hacer leyes. El Papa tiene jurisdicción completa, suprema, ordi-

Vía crucis

1. Jesús es sentenciado a muerte (cf. Mt 27, 22-23. 26).
2. Jesús con la cruz a cuestas (cf. Mt 27, 27-31).
3. Jesús cae por primera vez (cf. Is 53, 4-6).
4. Jesús se encuentra con su Santísima Madre (cf. Lc 2, 34-35.51).
5. El cireneo ayuda a Jesús a llevar la cruz (cf. Mt 27, 32; 16, 24).
6. La verónica enjuga el rostro de Jesús (cf. Is 53, 2-3; Sal 27, 8-9).
7. Jesús cae por segunda vez (cf. Lm 3, 1-2. 9. 16).

8. Jesús encuentra a las santas mujeres de Jerusalén (cf. Lc 23, 28-31).

9. Jesús cae por tercera vez (cf. Lm 3, 27-32).

10. Jesús es despojado de sus vestiduras (cf. Mt 27, 33-36).

11. Jesús es clavado en la cruz (cf. Mt 27, 37-42).

12. Jesús muere en la cruz (cf. Mt 27, 45-50. 54).

13. Jesús es bajado de la cruz (cf. Mt 27, 54-55).

14. Jesús es puesto en el sepulcro (cf. Mt 27, 59-61).

15. Jesús resucita de entre los muertos (cf. Mt 28, 1-7).

naria e inmediata sobre la Iglesia universal. [880, 882, 883, 886] (Ver también toda la sección sobre la Iglesia, páginas 55-70).

¿En qué otras circunstancias se pueden hacer leyes que afecten a la Iglesia universal?

Leyes que afecten a la Iglesia universal pueden ser hechas por un concilio general de obispos unidos con el Papa, como en el Segundo Concilio Vaticano [884]

¿Cuáles son los preceptos de la Iglesia?

Los preceptos de la Iglesia son deberes especiales que se espera que los Católicos cumplan y obedezcan. Esos preceptos prescriben ciertos actos de religión y de penitencia, con la finalidad de aplicar los mandamientos de Dios y las enseñanzas del Evangelio a la vida de los fieles. [2041]

¿Cuál es el propósito de esos preceptos?

Esos preceptos, que son leyes hechas por la Iglesia, garantizan que los Católicos practiquen un mínimo de oración y penitencia para crecer en el amor de Dios y del prójimo. [2041

¿Cuáles son esos deberes especiales de los Católicos, llamados preceptos de la Iglesia?

Algunos deberes especiales que se esperan de los Católicos actualmente incluyen los siguientes:

1. Adorar a Dios, participando en la Misa cada Domingo y Día de fiesta de precepto, con la finalidad de santificar el día de la resurrección del Señor y descansar en esos días del trabajo servil. [2042]
2. Recibir el sacramento de la Reconciliación al menos una vez al año; esto continúa el trabajo de conversión en preparación para la recepción de la Eucaristía. [2042]
3. Recibir la Sagrada Comunión, al menos una vez al año, de preferencia durante el tiempo de Pascua que es el corazón de la

liturgia de la Iglesia, pero con justa causa se puede cumplir este precepto en cualquier momento a lo largo del año (cf *Código de Derecho Canónico*, 1983, canon 920). [2042]

4. Observar los días de ayuno y abstinencia establecidos por la Iglesia. Estos actos penitenciales nos preparan para las fiestas del año litúrgico, a la vez que nos fortalecen espiritualmente. [2043]
5. Ayudar en las necesidades de la Iglesia. Esto significa que los fieles deben colaborar en las necesidades materiales de la Iglesia, de acuerdo con sus posibilidades. [2043]

¿Cuáles son los días de precepto en Colombia?

Los días de precepto en Colombia, en los que los Católicos deben participar en la Eucaristía y observar el descanso festivo, son:

- Todos los Domingos del año
- 1° de enero: Solemnidad de Santa María, Madre de Dios
- 8 de diciembre: Solemnidad de la Inmaculada Concepción de María
- 25 de diciembre: Solemnidad de la Natividad de Jesucristo

Todos los otros días festivos que existían antes, fueron suprimidos por la Iglesia, a petición del Gobierno que quería reducir los días feriados durante el año laboral. Algunos de ellos fueron trasladados por la Iglesia al domingo: Epifanía se celebra el domingo entre el 2 y el 8 de enero; Ascensión del Señor se celebra el 7° domingo de Pascua; el Cuerpo y Sangre de Cristo se celebra el 2° domingo después de Pentecostés. Otras fiestas que anteriormente eran de precepto perdieron esa categoría pero conservan su importancia litúrgica: San José, el 19 de marzo; los Santos Apóstoles Pedro y Pablo, el 29 de junio; la Asunción de la Santísima Virgen, el 15 de agosto y Todos los Santos, el 1° de noviembre.

En virtud de la llamada Ley Emiliani, estos días festivos suprimidos por la Iglesia pasaron a ser celebrados los días lunes siguientes a su fecha, pero esa decisión no tiene nada que ver con la Iglesia ni les da ningún carácter litúrgico o religioso.

Jueves y viernes santos, no son ni han sido fiestas de precepto, pero los fieles los observan religiosamente y en ese sentido la ley colombiana los considera como festivos. [2177] (Ver también la sección sobre la Misa dominical bajo el tercer mandamiento, pp. 187-188).

¿Qué dice la ley de la Iglesia sobre la penitencia?

Todos los católicos están obligados a alguna penitencia en virtud de la ley divina. Para que todos se puedan unir en una observancia común de la penitencia, hay unos días penitenciales prescritos en los cuales los fieles oran, realizan buenas obras, se niegan a sí mismos por medio del cumplimiento de sus responsabilidades con mayor fidelidad y observan ayuno y abstinencia. [1434-1435, 1438, 2043)

Días vendrán en que les será arrebatado el novio; entonces ayunarán, en aquel día (Mc 2,20).

¿Qué es un día de ayuno?

Un día de ayuno es un día en el que solamente se toma una comida completa; las otras dos comidas juntas no deben igualar una comida completa. En Colombia los únicos días de ayuno son el Miércoles de Ceniza y el Viernes Santo. No se permite comer entre las comidas, pero sí se pueden tomar líquidos, incluso leche y jugos de frutas. [1438]

¿Por qué instituyó la Iglesia días de ayuno?

La Iglesia instituyó días de ayuno para que los Cristianos podamos aprender a centrar nuestras miradas en Dios y en la meta de nuestra vida humana por medio de la negación de sí mismo. Esto es para seguir el ejemplo de Jesús. [540, 2043]

Entonces Jesús fue llevado por el Espíritu al desierto para ser tentado por el diablo. Y después de hacer un ayuno de cuarenta días y cuarenta noches, al fin sintió hambre (Mt 4,1-2)

¿Quiénes están obligados a ayunar?

Están obligados a ayunar los Católicos que han alcanzado la edad de dieciocho años y aún no han cumplido cincuenta y nueve.

¿Qué significa la ley de abstinencia?

La ley de abstinencia significa privarse de comer carne en ciertos "días de abstinencia" estipulados por la Iglesia, tales como el miércoles de Ceniza.

En Colombia, ¿cuáles son los días de abstinencia de carne?

En Colombia, los días de abstinencia de carne son el miércoles de Ceniza, los viernes de Cuaresma y el Viernes Santo. Los católicos de más de catorce años de edad están obligados a cumplir esta ley.

¿Las únicas penitencias requeridas de los católicos son el ayuno y la abstinencia?

El ayuno y la abstinencia no son las únicas penitencias requeridas por los católicos. Debemos hacer otras penitencias de nuestra propia elección, especialmente los viernes a lo largo del año, puesto que Jesús dio su vida por nosotros un viernes, y durante la Cuaresma, cuando recordamos lo que él sufrió por nosotros.

LA ORACIÓN CRISTIANA

Oración comunicación con Dios

¿Qué es la oración?

La oración es hablar a Dios con la mente y el corazón, y con frecuencia con la voz. Es una respuesta a la invitación de Dios para que lo busquemos. [2559]

Vengan a mí todos los que están fatigados y sobrecargados, y yo les daré descanso (Mt 11,28).

¿Por qué oramos en nombre de Cristo?

Por medio del Bautismo somos uno con Cristo y su Iglesia; por eso, todas nuestras oraciones son ofrecidas con las suyas al Padre en el Espíritu Santo. [2565]

En Cristo Jesús, Señor nuestro, quien, mediante la fe en él, nos da valor para llegar confiadamente a Dios (Ef 3,11-12).

¿Todos debemos orar?

Dios invita a todas las personas a orar. Quiere que nos comprometamos en una relación personal, una conversación. Aunque algunos no escuchan su llamado o no le prestan atención, Dios continúa haciendo su invitación a cada corazón humano. [2566-2567]

Con el fin de que buscasen la divinidad, para ver si a tientas la buscaban y la hallaban; por más que no se encuentra lejos de cada uno de nosotros (Hch 17,27).

¿Cómo podemos aprender a orar?

Aprendemos a orar mejor orando, conversando con Dios desde nuestro propio corazón. Muchos ejemplos de oración se encuentran a lo largo de las páginas de la Escritura, especialmente en los Salmos. [2568-2619, 2653-2654]

Escucha mis palabras, Yahveh, repara en mi lamento, atiende a la voz de mi clamor, oh mi Rey y mi Dios. Porque a ti te suplico, Yahveh; ya de mañana oyes mi voz; de mañana te presento mi súplica, y me quedo a la espera (Sal 5,2-4).

¿Cómo debemos orar?

Debemos orar con los mismos sentimientos que muestran los Evangelios:

- conversión de corazón (Mt 5,23-24)
- fe (Mt 7,7-11)
- atrevimiento filial (Mc 9,23)
- deseo de hacer la voluntad de Dios (Mt 9,38)
- vigilancia (Mc 1,15)
- perseverancia (Lc 11,5-13)
- paciencia (Lc 18,1-8)
- humildad (Lc 18,9-14). [2607-2613]

¿Cuáles son las clases de oración?

Éstas son las clases de oración:

- bendición (Ef 1,3)
- adoración (Sal 95,6)
- petición (Col 4,12)
- petición de perdón (Lc 18,13)
- intercesión (1 Tm 2,1)
- acción de gracias (1 Ts 5,18)
- alabanza (Ef 3,20). [2626-2643]

¿Cuáles son las mejores fuentes de oración?

Las mejores fuentes de oración son la Palabra de Dios (Escritura), la liturgia de la Iglesia (oraciones y sacramentos), y las virtudes de fe, esperanza y amor (disposiciones para orar). [2653-2658]

¿Cuándo debemos orar?

Debemos orar cada día, y podemos orar en cualquier momento, en cualquier circunstancia, por cualquier razón. [2659-2660, 2742]

Siempre en oración y súplica, orando en toda ocasión en el Espíritu (Ef 6,18)

¿Dónde podemos aprender a orar?

La principal escuela de oración es la familia, donde la fe y las prácticas cristianas son explicadas y compartidas. La liturgia de la Iglesia, junto con sus ministros y maestros, nos ofrece también oportunidades para aprender cómo orar. Las congregaciones religiosas comparten su espiritualidad con otros y también podemos aprender a orar a partir de las vidas y escritos de los santos. [2683-2690]

Pues todo el que se nutre de leche desconoce la doctrina de la justicia, porque es niño. En cambio, el manjar sólido es de adultos (Hb 5,13-14).

¿Por quién debemos orar?

Debemos orar por nosotros mismos, nuestra familia, parientes, amigos y vecinos, el Papa, obispos, sacerdotes y religiosos, líderes del gobierno, legisladores, jueces y funcionarios públicos, los enfermos y los agonizantes, pecadores, incrédulos, las almas que sufren en el purgatorio, e inclusive por nuestro enemigos.

Ante todo recomiendo que se hagan plegarias, oraciones, súplicas y acciones de gracias por todos los hombres; por los reyes y por todos los constituidos en autoridad... (1Tm 2,1-2).

¿Cuáles son las formas comunes de oración?

Las tres formas comunes de oración son la oración vocal, la meditación y la oración contemplativa. [2721]

¿Qué es oración vocal?

La oración vocal es la oración de la mente, el corazón y los labios. Es una oración pronunciada de manera audible. [2700-2704]

Abre, Señor, mis labios, y publicará mi lengua tu alabanza (Sal 51,17).

¿Qué es meditación?

La meditación es una oración mental (silenciosa) en la cual una persona, después de una reflexión tranquila, llega a una resolución, o la fortalece, de vivir una mejor vida cristiana. La meditación nos lleva a conocer mejor a Jesús y a seguirlo más de cerca. [2705-2708]

Medita en los preceptos del Señor, aplícate sin cesar a sus mandamientos. Él mismo afirmará tu corazón y se te dará la sabiduría que deseas (Si 6,37).

¿Qué es oración contemplativa?

Oración contemplativa (mental) es oración silenciosa en la que una persona se une a Dios y pondera sus verdades. [2709-2719]

Y los sembrados en tierra buena son aquellos que oyen la Palabra, la acogen y dan fruto, unos treinta, otros sesenta, otros ciento (Mc 4,20).

¿Por qué nos distraemos con frecuencia durante la oración?

Preocupaciones, ansiedades o malestar físico pueden distraernos, mientras que otras distracciones pueden venir del demonio. Los esfuerzos que hacemos para superar esas distracciones hacen nuestra oración mejor y más agradable a Dios. [2729]

¿Qué otras dificultades pueden afectar nuestra oración?

Falsas expectativas, falta de sentimiento, desinterés, pereza o fe débil pueden también hacer difícil nuestra oración. [2726-2728, 2730-2733]

Si el grano de trigo no cae en tierra y muere, queda él solo; pero si muere, da mucho fruto (Jn 12, 24).

¿Por qué no obtenemos siempre lo que pedimos?

Dios conoce lo que es mejor para nosotros, y puede ver que una petición particular puede no ser para nuestro último fin. En esos casos él nos da algún otro don espiritual de acuerdo con su plan de amor para nuestras vidas. Toda oración sincera es respondida de alguna manera. [2735-2737]

En esto está la confianza que tenemos en él (Dios): en que si le pedimos algo según su voluntad, nos escucha (1 Jn 5,14).

¿Cómo podemos orar mejor?

Podemos orar mejor permitiendo que el Espíritu Santo ore en nosotros, recordando que orar es el deber y el privilegio de un cristiano. [2745]

Siempre en oración y súplica, orando en toda ocasión en el Espíritu (Ef 6,18).

¿Por qué es importante orar a veces con otros?

Es importante orar a veces con otros porque Jesús quiere que lleguemos a la oración como una comunidad.

Donde están dos o tres reunidos en mi nombre, allí estoy yo en medio de ellos (Mt 18,20).

¿Cuál es la más grande oración comunitaria?

La mayor oración comunitaria es la Misa. (Ver la sección sobre la Eucaristía, páginas 99-116).

¿Qué es la señal de la cruz?

La señal de la cruz es una oración que nos recuerda dos misterios importantes de nuestra fe: la Santísima Trinidad y la redención. Mientras se recita la oración se traza la cruz desde nuestra frente hasta nuestro pecho y de un hombro al otro. Nos estamos literalmente “signando” a nosotros mismos con la cruz.

¿Cómo son expresados en el signo de la cruz los misterios de la Trinidad y de la redención?

Cuando decimos “En el nombre”, expresamos la verdad que hay un solo Dios. Cuando decimos, “del Padre, y del Hijo, y del Espíritu Santo”, manifestamos nuestra fe en que hay tres Personas distintas en Dios. Cuando hacemos la forma de la cruz sobre nosotros mismos, expresamos nuestra fe en que el Hijo de Dios-hecho-hombre nos redimió por su muerte en la cruz.

¿Cuándo hacemos ordinariamente el signo de la cruz?

Ordinariamente hacemos el signo de la cruz cuando comenzamos y terminamos nuestras oraciones y cuanto entramos a una iglesia o salimos de ella.

¿Cuáles son algunas oraciones que todo católico debería saber de memoria?

Algunas oraciones que todo católico debería conocer de memoria son el Padrenuestro, el Avemaría, el Credo de los Apóstoles, el Gloria, la Salve Regina, el Ángel de Dios, el Descanso Eterno por las almas del purgatorio, los actos de fe, esperanza, amor y contrición, el ofrecimiento de la mañana, y la acción de gracias antes y después de las comidas.

Oración del Señor

¿Por qué la Oración del Señor es considerada una oración perfecta?

La Oración del Señor es considerada una oración perfecta principalmente porque viene de Jesús mismo. Sirve como modelo para toda oración porque ofrece adoración y alabanza al Padre y enumera de manera exacta nuestras necesidades humanas. Podemos rezar juntos o contemplar privadamente esta oración perfecta para todas las ocasiones. [2761-2766]

¿Por qué se encuentra en la Misa la Oración del Señor?

La Oración del Señor es apropiada en la Misa porque resume todas las peticiones e intenciones de la liturgia eucarística. Dirige también nuestra atención hacia el regreso del Señor al final de los tiempos. [2770-2772]

Cada vez que comen este pan y beben esa copa, anuncian la muerte del Señor, hasta que venga (1 Co 11,26)

¿Por qué es importante llamar a Dios nuestro Padre?

Porque estamos habituados a llamar a Dios nuestro Padre, es fácil que pasemos por alto el carácter único de este privilegio. Jesús nos ha invitado a unirnos en su relación íntima con su "Abbá". El temor y el miedo que sentimos naturalmente en relación con Dios nuestro Creador, son modificados por la confianza y el atrevimiento de un hijo amado. [2777-2778]

El Espíritu mismo se une a nuestro espíritu para dar testimonio de que somos hijos de Dios (Rm 8,16).

¿Qué nos exige esta relación?

Esta relación con Dios como Padre nos exige una gratitud expresada en humildad y en un deseo de vivir la nueva vida ofrecida en Cristo. [2779-2785]

Quien se haga pequeño como este niño, es el mayor en el Reino de los Cielos (Mt 18,4).

¿Dónde está el cielo de Dios?

Cuando oramos a "nuestro Padre que está en el cielo", nos dirigimos a Dios en su trascendencia. Dios es el Ser del que todo lo demás recibe el ser; él está por encima de todos los otros seres en majestad y en poder. El cielo no es un lugar, sino la presencia de Dios. Encontraremos nuestra morada eterna en él. [2794-2796]

Y así gemimos en este estado, deseando ardientemente ser revestidos de nuestra habitación celeste... (2 Co 5,2).

¿Qué significa "santificar"?

Cuando oramos que el nombre de Dios sea santificado, estamos pidiendo entrar en su plan de santidad: que por medio de nuestras vidas, trabajo y oraciones, su santidad sea reconocida y glorificada. [2807-2815]

Santifíquense y sean santos, pues yo soy santo (Lv 11,44).

¿Cuándo vendrá el reino de Dios?

El reino de Dios vendrá cuando el mundo que conocemos llegue a su fin y nosotros seamos llevados a su reino eterno. Debemos tratar de hacer que Dios sea el Rey de aquí y ahora. [2816-2821]

No reine, pues, el pecado en su cuerpo mortal de modo que obedezcan a sus apetencias... más bien ofrézcanse ustedes mismos a Dios... (Rm 6,12-13).

¿Qué es la voluntad de Dios?

La voluntad de Dios es que observemos el mandamiento de amor a él y a todo el pueblo, que todos se salven. [2822-2827]

Dándonos a conocer el Misterio de su voluntad según el benévolo designio que en él se propuso de antemano, para realizarlo en la plenitud de los tiempos: hacer que todo tenga a Cristo por Cabeza, lo que está en los cielos y lo que está en la tierra (Ef 1,9-10).

¿Qué pedimos cuando oramos por nuestro pan de cada día?

Cuando oramos por nuestro pan de cada día estamos pidiendo el alimento y el cuidado que necesitamos en esta vida, pero también por la Eucaristía, el Pan celestial. [2828-2837]

Obren, no por el alimento perecedero, sino por el alimento que permanece para vida eterna... (Jn 6,27).

¿Qué son las deudas?

Las deudas son todo lo que hacemos contra el otro, esto es, nuestros pecados u ofensas. En la Oración del Señor pedimos a Dios que perdone todo lo malo que hemos hecho, de la misma manera como nosotros perdonamos a los otros que nos han hecho mal. [2838-2845]

Sean más bien buenos entre ustedes, entrañables, perdonándose mutuamente como los perdonó Dios en Cristo (Ef 4,32).

¿Dios nos tienta?

No, Dios no nos tienta, pero puede permitir algunas veces pruebas que nos llevan a nuestro crecimiento espiritual. Le pedimos que nos libre de juicios pobres, malas decisiones y debilidad delante del mal. [2846-2849]

No han sufrido tentación superior a la medida humana. Y fiel es Dios que no permitirá que sean tentados sobre sus fuerzas. Antes bien, con la tentación les dará modo de poderla resistir con éxito (1 Co 10,13).

¿Dios nos protegerá contra el demonio?

Sí, y en realidad lo ha hecho en la victoria que Jesús venció sobre la cruz. Debemos permanecer cercanos a Jesús porque el demonio, el ángel malo, está siempre buscando una oportunidad para engañarnos. [2850-2854]

No te pido que los retires del mundo, sino que los guardes del Maligno (Jn 17,15).

¿Qué significa "amén"?

"Amén" significa "Estoy de acuerdo con esto", "Que se haga como lo has dicho". [2856]

Hágase en mí según tu palabra (Lc 1,38).

El Avemaría y el Rosario

¿De dónde viene el Avemaría?

La primera parte del Avemaría consiste en los saludos que el ángel e Isabel dirigieron a María, como se narra en el Evangelio; la segunda parte fue añadida por la Iglesia a manera de respuesta nuestra bajo la guía del Espíritu Santo [2676-2677]

Y entrando (el ángel), le dijo: "Alégrate, llena de gracia, el Señor está contigo" (Lc 1,28).

Y exclamando con gran voz, dijo: "Bendita tú entre las mujeres y bendito el fruto de tu seno" (Lc 1,42).

¿Debemos rezar con frecuencia el Avemaría?

Sí, porque el Avemaría recuerda la encarnación del Hijo de Dios para nuestra salvación, honra a María como la Madre de Dios y pide su ayuda durante nuestra vida y en el momento de nuestra muerte.

¿Qué es el Rosario?

El rosario es una "oración evangélica" compuesta del Padrenuestro, el Avemaría y el Gloria, en la que meditamos sobre importantes acontecimientos en las vidas de Jesús y María. [2678]

¿La Iglesia recomienda rezar el Rosario?

La Iglesia y todos los Papas recientes han recomendado fuertemente el rezo del rosario para crecer en la vida espiritual y obtener la paz para el mundo.

Oraciones y prácticas cristianas

Oraciones

La señal de la cruz

En el nombre del Padre, y del Hijo, y del Espíritu Santo. Amén.

La Oración del Señor

Padre nuestro, que estás en el cielo, santificado sea tu nombre, venga (a nosotros) tu reino; hágase tu voluntad en la tierra como en el cielo. Danos hoy nuestro pan de cada día, perdónanos nuestras ofensas, como también nosotros perdonamos a los que nos ofenden, y no nos dejes caer en la tentación, mas líbranos del mal. Amén.

Avemaría

¡Alégrate, María, llena eres de gracia! El Señor está contigo. Bendita tú eres entre todas las mujeres y bendito es el fruto de tu vientre, Jesús. Santa María, Madre de Dios, ruega por nosotros, pecadores, ahora y en la hora de nuestra muerte. Amén.

Gloria

Gloria al Padre, y al Hijo, y al Espíritu Santo. Como era en el principio, ahora y siempre, por los siglos de los siglos. Amén.

El Ángelus

El ángel del Señor anunció a María
Y concibió del Espíritu Santo.

Alégrate, María...

He aquí a la esclava del Señor.
Hágase en mí según tu palabra.

Alégrate, María...
Y el Verbo se hizo carne.
Y habitó entre nosotros.

Alégrate, María...
Ruega por nosotros, santa Madre de Dios.
Para que seamos dignos de alcanzar las promesas de Cristo.

Oremos.- Infunde, Señor, tu gracia en nuestros corazones, para que los que hemos conocido por el anuncio del ángel la Encarnación de tu Hijo, Jesucristo, seamos conducidos por su pasión y su cruz a la gloria de la resurrección. Por el mismo Jesucristo nuestro Señor. Amén.

Gloria al Padre...

Regina Coeli

Se reza durante el tiempo de Pascua, en lugar del Angelus.

Reina del cielo, alégrate, aleluya.
Porque aquél a quien llevaste en tu seno, aleluya.

Resucitó, como lo dijo, aleluya.
Ruega por nosotros a Dios, aleluya.

Alégrate y regocíjate, Virgen María, aleluya.
Porque el Señor resucitó verdaderamente, aleluya.

Oremos.- Oh Dios, que por la resurrección de tu Hijo, nuestro Señor Jesucristo, has alegrado el mundo. Concédenos, te pedimos, que por la intercesión de la Virgen María, su Madre, seamos conducidos a la felicidad eterna. Por Jesucristo, nuestro Señor. Amén.

Lectio Divina

Es el mejor método de lectura-oración de la Palabra de Dios. Es una oración donde no hay reglas. Consta de estas partes:

1. Lectura: *Es gustar y conocer lo que el Señor nos transmite en su Palabra.*

2. Meditación: *Es profundizar en sus enseñanzas, conociéndolas y reflexionándolas.*

3. Oración: *Es la respuesta que nos provoca la lectura-reflexión-encuentro con la Palabra. Es lo que la Palabra nos lleva a decirle al Señor.*

4. Contemplación: *Es interiorizar esa Palabra, siendo uno partícipe del pasaje, buscando el encuentro personal con el Señor.*

5. Acción: *Es buscar hacer vida la Palabra. Es asumir las enseñanzas de Jesús en actitudes y compromisos concretos.*

El santo Rosario

Misterios Gozosos
(Se rezan los lunes y los sábados)

1. La encarnación del Hijo de Dios.
2. La visitación de nuestra Señora a su prima santa Isabel.
3. El nacimiento del Hijo de Dios en Belén.
4. La purificación de nuestra Señora.
5. El niño perdido y hallado en el Templo.

Misterios Luminosos
(Se rezan los jueves)

1. El bautismo de Jesús en el Jordán.
2. Las bodas de Caná.
3. El anuncio del Reino de Dios.
4. La transfiguración.
5. La institución de la Eucaristía, expresión sacramental del misterio pascual.

Misterios Dolorosos
(Se rezan los martes y los viernes)

1. La oración en el Huerto.
2. La flagelación del Señor.
3. La coronación de espinas.
4. La Cruz a cuestas.
5. Jesús muere en la Cruz.

Misterios Gloriosos
(Se rezan los miércoles y los domingos)

1. La resurrección del Señor.
2. La ascensión del Señor.
3. La venida del Espíritu Santo.
4. La asunción de nuestra Señora.
5. La coronación de María Santísima.

El Credo de los Apóstoles

Creo en Dios, Padre todopoderoso, Creador del cielo y de la tierra. Creo en Jesucristo, su único Hijo, nuestro Señor, que fue concebido por obra y gracia del Espíritu Santo, nació de santa María Virgen, padeció bajo el poder de Poncio Pilato, fue crucificado, muerto y sepultado, descendió a los infiernos, al tercer día resucitó de entre los muertos, subió a los cielos y está sentado a la derecha de Dios, Padre todopoderoso. Desde allí ha de venir a juzgar a vivos y muertos.

Creo en el Espíritu Santo, la santa Iglesia católica, la comunión de los santos, el perdón de los pecados, la resurrección de la carne y la vida eterna. Amén.

Un acto de fe

Oh, Dios mío, firmemente creo que Tú eres un solo Dios en tres Personas divinas, Padre, Hijo y Espíritu Santo; creo que tu divino Hijo se hizo hombre y murió por nuestros pecados, y que vendrá a juzgar a vivos y muertos. Creo estas y todas las verdades que la santa Iglesia Católica enseña, porque las has revelado Tú, que no puedes engañar ni ser engañado.

Un acto de esperanza

Oh, Dios mío, apoyado en tu infinita Bondad y en tus promesas, espero obtener el perdón de mis pecados, la ayuda de tu gracia y la vida eterna, por medio de los méritos de Jesucristo, mi Señor y Redentor.

Un acto de amor

Oh, Dios mío, Te amo sobre todas las cosas, con todo mi corazón y mi alma, porque Tú eres todo Bondad y mereces todo amor. Amo a mi prójimo como a mí mismo por amor a Ti. Perdono a todos los que me han ofendido y pido perdón a todos los que yo haya ofendido.

Un acto de contrición

Oh, Dios mío, estoy adolorido de corazón por haberte ofendido y detesto todos mis pecados por causa de tus justos castigos, pero mucho más porque ellos te ofenden, Dios mío, que eres todo bondad y mereces todo mi amor. Resuelvo firmemente, con la ayuda de tu gracia, no pecar más y evitar las ocasiones próximas de pecado.

Ofrecimiento de la mañana

Corazón Divino de Jesús, por medio del Inmaculado Corazón de María te ofrezco todas mis oraciones, trabajos, alegrías y sufrimientos de este día en reparación por los pecados y para la salvación de todos los hombres y mujeres, según las intenciones especiales del Papa, en la gracia del Espíritu Santo y para la gloria del Padre celestial. Amén.

Oración antes de las comidas

Bendícenos, Señor, y bendice estos dones tuyos que vamos a recibir de tu bondad, por Cristo nuestro Señor. Amén.

Oración después de las comidas

Te damos gracias por todos tus beneficios, oh Dios de amor, a ti que vives y reinas por siempre. Amén.

Oración delante de un crucifijo

Mira, oh mi amado y buen Jesús, me postro sobre mis rodillas delante de ti y con el más ferviente deseo de mi alma te pido y te suplico que imprimas en mi corazón vivos sentimientos de fe, esperanza y caridad, con un verdadero arrepentimiento por mis pecados y el más firme deseo de enmienda; entretanto con profundo afecto y dolor del alma medito en mi interior y contemplo tus cinco preciosísimas llagas, teniendo ante mis ojos lo que el profeta David dijo hace mucho tiempo de ti, mi Jesús:

"Han traspasado mis manos y mis pies; puedo contar todos mis huesos" (Sal 22, 17-18).

Salve

Dios te salve, reina y Madre de misericordia, vida, dulzura y esperanza nuestra, Dios te salve. A ti clamamos los desterrados hijos de Eva, a ti suspiramos, gimiendo y llorando en este valle de lágrimas. ¡Ea, pues, Señora, abogada nuestra! Vuelve a nosotros tus ojos misericordiosos y después de este destierro muéstranos a Jesús, fruto bendito de tu vientre. Oh clemente, oh piadosa, oh dulce Virgen María.

Memorare

Recuerda, oh bondadosa Virgen María, que nunca se ha oído decir que alguien que acudió a tu protección, imploró tu ayuda o buscó tu intercesión fue dejado sin ayuda. Inspirado en esta confianza, acudo a ti. Oh virgen de las vírgenes, Madre mía, vengo a ti; ante ti me postro, pecador y arrepentido. Oh Madre del Verbo encarnado, no desprecies mis peticiones, antes bien, en tu piedad escúchalas y respóndelas. Amén.

El Santo Rosario

El Rosario completo se compone de veinte decenas, distribuidas en cuatro grupos. Se comienza con la Señal de la Cruz. Luego se dice el Credo, un Padrenuestro y tres Avemarías. Enseguida se recuerda el "misterio", se reza un Padrenuestro, diez Avemarías y un Gloria. Esto constituye una decena, y todas las demás se rezan del mismo modo, meditando en cada una un misterio diferente. Al final del Rosario puede recitarse la Salve o las Letanías a María. En la guía que sigue, las palabras entre paréntesis indican aplicaciones prácticas para nuestra vida diaria.

Los misterios del Rosario

Misterios Gozosos (*Lunes y sábado*)

1. La Anunciación del Ángel a María Santísima (Humildad).
2. La visita de María Santísima a santa Isabel (Amor al prójimo).
3. El nacimiento de Jesús en el Portal de Belén (Espíritu de pobreza).
4. La Presentación de Jesús en el templo (Obediencia).
5. La pérdida del Niño Jesús y su hallazgo en el templo (Fidelidad).

Misterios Luminosos (*Jueves*)

1. El Bautismo de Jesús en el Jordán (Respeto).
2. Revelación de Jesús en la boda de Caná (Amabilidad).
3. Jesús anuncia la llegada del Reino de Dios (Responsabilidad).
4. La Transfiguración de Jesús (Sinceridad).
5. Institución de la Eucaristía (Perseverancia).

Misterios Dolorosos (*Martes y viernes*)

1. La oración de Jesús en Getsemaní (Espíritu de oración).
2. La flagelación de Jesús (Solidaridad).
3. Jesús es coronado de espinas (Valentía).
4. Jesús con la cruz a cuestas (Paciencia).
5. La crucifixión y muerte de Jesús (Justicia).

Misterios Gloriosos (*Miércoles y domingo*)

1. La gloriosa resurrección de Jesús (Fe).
2. La ascensión de Jesús al cielo (Esperanza).
3. La venida del Espíritu Santo (Sabiduría).

4. La asunción de María al cielo (Alegría).
5. La coronación de María como reina de la creación (Devoción a María).

Ángel de Dios

Ángel de Dios, mi querido guardián, a quien el amor de Dios me confió aquí, durante este día permanece a mi lado para iluminarme y cuidarme, orientarme y guiarme. Amén.

Descanso eterno

Dales, Señor, el descanso eterno y brille para ellos la luz perpetua. Descansen en paz. Amén.

Principios de vida cristiana

Los Diez Mandamientos de Dios

Yo soy el Señor, tu Dios:
1. No tendrás otros dioses delante de mí
2. No tomarás el nombre del Señor, tu Dios, en vano
3. Acuérdate de santificar el día del Señor
4. Honra a tu padre y a tu madre
5. No matarás
6. No cometerás adulterio
7. No robarás
8. No darás falso testimonio contra tu prójimo
9. No desearás a la mujer o al esposo de tu prójimo
10. No desearás los bienes de tu prójimo

(cf. Ex 20, 1-17)

Los dos grandes Mandamientos

- Amarás al Señor tu Dios con todo tu corazón, con toda tu alma, con toda tu mente y con toda tu fuerza.
- Amarás a tu prójimo como a ti mismo.

Los siete sacramentos

Bautismo
Confirmación
Sagrada Eucaristía
Penitencia y Reconciliación
Unción de los Enfermos
Sagradas Órdenes
Matrimonio

Deberes especiales de los cristianos católicos:

Los Preceptos de la Iglesia

1. Adorar a Dios, participando en la Misa cada Domingo y Día de fiesta de precepto, con la finalidad de santificar el día de la resurrección del Señor y descansar en esos días del trabajo servil. [2042]
2. Recibir el sacramento de Reconciliación al menos una vez al año; esto continúa el trabajo de conversión como preparación para la recepción de la Eucaristía. [2042]
3. Recibir la Sagrada Comunión, al menos una vez al año, de preferencia durante el tiempo de Pascua que es el corazón de la liturgia de la Iglesia, pero con justa causa se puede cumplir este precepto en cualquier momento a lo largo del año (cf *Código de Derecho Canónico*, 1983, canon 920). [2042]
4. Observar los días de ayuno y abstinencia establecidos por la Iglesia. Estos actos penitenciales nos preparan para las fiestas del año litúrgico, a la vez que nos fortalecen espiritualmente. [2043]
5. Ayudar en las necesidades de la Iglesia. Esto significa que los fieles deben colaborar en las necesidades materiales de la Iglesia, de acuerdo con sus posibilidades. [2043]

Las ocho bienaventuranzas

Bienaventurados los pobres de espíritu, porque de ellos es el Reino de los Cielos.
Bienaventurados los mansos, porque ellos poseerán en herencia la tierra.
Bienaventurados los que lloran, porque ellos serán consolados.
Bienaventurados los que tienen hambre y sed de justicia, porque ellos serán saciados.
Bienaventurados los misericordiosos, porque ellos alcanzarán misericordia.
Bienaventurados los limpios de corazón, porque ellos verán a Dios.
Bienaventurados los que trabajan por la paz, porque ellos serán llamados hijos de Dios.
Bienaventurados los perseguidos por causa de la justicia, porque de ellos es el Reino de los Cielos.
Bienaventurados serán cuando los injurien y los persigan y digan con mentira toda clase de mal contra ustedes por mi causa. Alégrense y regocíjense, porque su recompensa será grande en los cielos; pues de la misma manera persiguieron a los profetas anteriores a ustedes (Mt 5,3-12).

Las obras de misericordia

Obras espirituales

1. Amonestar al pecador
2. Instruir al ignorante
3. Aconsejar al que duda
4. Consolar al triste
5. Soportar los errores con paciencia
6. Perdonar las injurias
7. Orar por los vivos y difuntos.

Obras corporales

1. Dar de comer al hambriento
2. Dar de beber al sediento

3. Vestir al que está desnudo
4. Dar posada al que no tiene hogar
5. Visitar al enfermo
6. Visitar al prisionero
7. Sepultar a los muertos.

Dones del Espíritu Santo

Sabiduría
Entendimiento
Consejo (recto juicio)
Fortaleza (valor)
Ciencia
Piedad (amor)
Temor del Señor (reverencia)

Frutos del Espíritu Santo

Caridad
Alegría
Paz
Humildad
Comprensión
Bondad
Fidelidad
Justicia
Dominio de sí
Paciencia

Índice Alfabético

A

B

C

D

F

L

M

N

O

P

R

S

Y

Índice de textos bíblicos citados

Éxodo

Hebreos (Epístola a los)

Hechos de los Apóstoles

Mateo (Evangelio de san)

Paulinas
Impreso en los talleres de Paulinas
www.libreriapaulinas.com
Línea gratuita: 018000116424
Bogotá, D.C. • Colombia
2014